中国智能建筑行业发展报告

中国建筑业协会智能建筑专业委员会
建设部科技委智能建筑技术开发推广中心

中国建筑工业出版社

图书在版编目（CIP）数据

中国智能建筑行业发展报告／中国建筑业协会智能建筑专业委员会.
建设部科技委智能建筑技术开发推广中心. —北京：中国建筑工业
出版社，2008

ISBN 978－7－112－10063－7

Ⅰ. 中… Ⅱ.①中…②建… Ⅲ. 智能建筑－建筑业－经济发展－
研究报告－中国 Ⅳ. F426.9

中国版本图书馆 CIP 数据核字（2008）第 061604 号

本书从智能建筑技术、设计、施工、监理、检测与验收、维护与管
理、建筑智能化工程咨询管理等几个方面对智能建筑行业进行了客观系统
地总结和展望，书中还涉及到了对行业管理的建议、行业标准和法规建设
方面的内容。

本书将有利于政府决策参考，同时可以帮助建筑设计单位、系统集成
商、产品供应商等智能建筑从业单位和人员把握行业发展方向。

＊ ＊ ＊

责任编辑：刘 江 张 磊
责任设计：张政纲
责任校对：汤小平

中国智能建筑行业发展报告
中国建筑业协会智能建筑专业委员会
建设部科技委智能建筑技术开发推广中心

＊

中国建筑工业出版社出版、发行（北京西郊百万庄）
各地新华书店、建筑书店经销
北京嘉泰利德公司制版
北京建筑工业印刷厂印刷

＊

开本：787×960 毫米 1/16 印张：5¼ 字数：105 千字
2008 年 8 月第一版 2008 年 8 月第一次印刷
印数：1—2000 册 定价：**15.00 元**
ISBN 978－7－112－10063－7
（16866）

编写人员名单

主要起草人：于　川　王东伟　许宪斌　何培新　吴　斌　汪　浩
　　　　　　苗占胜　范同顺　郑激运　封其华　徐珍喜　郭维钧
　　　　　　高大鹏　高志斌　梁苏军　黄久松　游惠玲

评 审 人：毛剑瑛　王元光　王汝林　刘春阳　张公忠　张成泉
　　　　　　张　宜　徐正忠　詹天佑　魏　旗

统 编 人：李翠萍　郭维钧

主编单位：中国建筑业协会智能建筑专业委员会
　　　　　建设部科技委智能建筑技术开发推广中心

参编单位：上海华宇电子工程有限公司
　　　　　上海延华智能科技股份有限公司
　　　　　上海信业计算机网络工程有限公司
　　　　　上海宸新智能系统集成有限公司
　　　　　中信国安信息科技有限公司
　　　　　中程科技有限公司
　　　　　太极计算机股份有限公司
　　　　　北京泰豪智能工程有限公司
　　　　　同方股份有限公司
　　　　　同方泰德国际科技（北京）有限公司
　　　　　江苏盛华系统集成工程技术有限公司
　　　　　泰豪科技股份有限公司
　　　　　深圳市赛为智能有限公司
　　　　　福建省冠林电子有限公司

前　言

　　智能建筑在我国发展十年，形成了科技含量高的新型产业，建筑智能化系统已经成为建筑必配系统之一，大大提升了建筑价值和品质，为人们创造安全、舒适、便捷、高效、节能的工作和生活环境发挥了重要作用，并初步形成了一定的市场规模、技术力量、标准规范和产品体系。为使智能建筑行业健康有序和可持续发展，中国建筑业协会智能建筑专业委员会和建设部科技委智能建筑技术开发推广中心组织企业和专家对智能建筑行业进行了客观系统地总结和展望，编写了《中国智能建筑技术发展报告》。本书将有利于政府决策参考，及时引领智能建筑行业企业发展，整体提高我国智能建筑发展水平。同时也希望能引起各有关方面关注和支持，能对智能建筑行业未来发展有一定的指导作用。

　　在此，编委会谨向参与本书编写出版的单位和个人表示衷心的感谢！

《中国智能建筑技术发展报告》编委会

目 录

1 智能建筑行业历史回顾与发展现状

1.1 国外智能建筑发展概述

　　智能建筑是美国 UTBS 公司（美国技术建筑系统公司）在 1981 年首次提出的，直到 1984 年 7 月美国康州哈特福特市（Hart ford）才建成了世界第一座智能大厦——"都市大厦"（City Plaza Building）。

　　1985 年 2 月日本在东京日本桥附近的"三井新二号馆大楼"和 1985 年 8 月在东京青山的"本田青山大楼"建成了两座智能型大楼，并制定了从智能设备、智能家庭到智能建筑、智能城市的发展计划，还于当年成立了"国家智能建筑专业委员会"，对智能建筑的发展给予政策上的支持。美国于 1986 年成立美国智能型建筑学会（AIBI），该组织共有横跨 17 个国家的会员，包括产品和系统集成商、能源、电力和行政机构咨询公司、研究单位以及房地产商，旨在推广智能建筑的理念，并提供最先进的技术、咨询与应用。英国、法国、加拿大、瑞士、德国在 20 世纪 80 年代末及 90 年代初都相继落成富有自己特色的智能建筑。

　　20 世纪 90 年代智能建筑在亚洲发展十分迅速，新加坡政府的公共事业部门为推广智能建筑，专门制定了"智能大厦手册"，并拨巨资进行研究，要把全岛建成智能花园。韩国也提出韩国建成"智能半岛"。印度于 1995 年开始在加尔各答的盐水湖开始建设智能城市。

　　特别是 20 世纪 90 年代初日本不少城市提出要建设"智能化街区"、"智能化大厦群"、"智能化国际信息城"等。日本山武霍尼维尔、清水等公司在 20 世纪 90 年代就已经规划设计出 21 世纪智能建筑的模型——实现城市智能化。

　　日本在 20 世纪 90 年代智能大楼已经开始向区域管理系统和城市系统发展。山武霍尼维尔承接的"横滨业务大楼"是一个由十座智能大楼组成的智能建筑群，建筑面积 20 万 m^2，设有冷热源中心等，有 1 万 6 千个测控点，实现智能建筑群一体化集中管理和监控。在日本东京有一个智能建筑群，设有一个智能监控中心，该中心监控的智能化大楼 300 座，还可以通过电话线对相距 500 公里以外的大坂智能大楼进行监控。

　　山武霍尼维尔公司 1998 年提出"省"的企业宗旨，通过自动化的改革，节省时间、能源和空间。该公司承接的智能大楼以 50 年生命周期计算，初期建设费用占 25.9%，其余 74.1% 为管理和能耗费用，其中能源费用占 32%，该公司设计的根据负荷改变投入的软件就能节约 30% 的能源消耗。该公司的智能大楼已实现节省办公时间 33%，日本各大公司在认真探讨和实践，争取在 21 世纪成为世界上建筑城市智能化最先进的国家。

我国 20 世纪 90 年代在上海、北京、广州、深圳等地相继建成了一批具有一定智能型的大型公共建筑，如广东国际大厦、广州世贸中心、北京发展大厦、北京国贸中心和京广中心、上海锦江饭店、上海博物馆等。智能建筑在我国呈发展趋势，引起了我国政府相关部门的重视。

1.2 我国智能建筑的发展历程

我国智能建筑的发展经历了三个阶段。

1.2.1 初始阶段（1990～1995 年期间）

随着国际智能建筑技术引入我国，智能建筑这一理念逐渐被越来越多的人所认识和接受。1992 年由建设部组织编制的《民用建筑电气设计规范》中，实际上已开始涉及到智能建筑的内容，提出了楼宇自动化和办公自动化的概念。由于现代通信技术、计算机及网络技术和自动控制技术的发展为智能建筑提供了充分的技术条件，同时受到政府部门、高等院校、科研院所、企业厂商等极大关注和支持，在上海、广州、深圳、北京相继建成有一定智能化水平的公共建筑。

为适应智能建筑发展需要，我国制定了一系列标准规范。1995 年 6 月中国工程建设标化协会通信工程委员会发布了《建筑与建筑群综合布线系统工程设计规范》和《建筑与建筑群综合布线系统工程验收规范》。1995 年 7 月上海华东建筑设计院制定了上海地区《智能建筑设计标准》。这些标准规范的颁布为智能建筑的设计、施工提供了依据。在北京、上海、深圳、广州建成了一些具有一定智能化功能的建筑。

这一阶段的特点：建筑智能化的对象主要是宾馆和商务楼，智能化系统的子系统各自独立，建设片面追求高标准，国家没有统一管理，形成自由发展的局面。

1.2.2 规范阶段（1996～2000 年）

为了适应我国智能建筑的发展，由原建设部科技委主管进行先期的智能建筑技术探讨、引导和推广应用工作；政府主管部门重视智能建筑发展环境建设，将规范智能建筑市场行为纳入政府职能部门管理，制定标准规范，有步骤地引导智能建筑在我国的发展。

（1）原建设部科技委 1996 年 2 月成立建设部科技委智能建筑开发推广中心（以下简称"中心"）

1）"中心"的主要任务

开展智能建筑发展的市场调查和软科学研究，提出意见和建议，为政府决策提供参考；开展技术交流，收集、传播国内外有关智能建筑信息，开展宣传和普及以及人员培训；开展咨询服务以及各种技术推广活动；承担建设部交办的有关事项。

2）开展智能建筑发展现状调研，向政府主管部门提出政策意见与建议

首先 1996 年组织专家对北京、上海、苏州、徐州、郑州等地的智能建筑进行了调研，掌握了我国智能建筑发展的现状、存在的问题并提出合理化建议。

主要问题有：

智能建筑缺乏政府职能部门的统一管理；

国家主管部门没有对智能建筑工程承包商进行资质认定；

智能建筑系统集成水平很低；

智能建筑产品过分依靠进口，售后服务较差，用户满意程度不高；

管理人员素质较低，需要培养提高；

国家主管部门不重视智能建筑投资回收效益；

智能建筑工程需采用弱电总包方式管理。

根据上述调研情况，"中心"就如何加强政府职能部门对智能建筑的统一管理，制定标准规范、资质管理及产品标准化问题，提出了《我国智能建筑发展情况的报告》，得到了原建设部的高度重视，对我国智能建筑的发展起了重大推动作用。

3）举办智能建筑发展专题会议、展览会，推广智能建筑新理念、新技术、新产品

1997 年 8 月，"中心"在北京西山召开了"97 全国智能建筑技术研讨会"，对我国智能建筑技术发展中的一些问题进行了深入研讨，对技术、产品的发展方向及市场规范管理等方面的问题提出意见和建议，尤其是对行业管理提出了：加强行业管理，制定政策、法规和管理制度；对智能建筑设计、施工、监理资质及相关产品的认证；完善技术标准的规范；抓好智能建筑试点示范工程等。受到政府主管部门的高度重视，为智能建筑相关政策、标准规范的制定发挥了作用。

1997 年~2000 年期间"中心"与上海有关单位合作，连续四年在上海举办了四届"中国国际楼宇现代化设备展览会暨专题研讨会"。赴会的中外厂商展示了智能建筑（楼控、通信、安防、办公自动化等）设备。展会期间国内外专家和企业代表围绕会议主题探讨了 LonWorks 技术、三网合一、智能建筑节能及智

能建筑新理念、新技术、新产品、新成果等，对推进智能建筑技术的进步，加快建筑现代化有重大意义。

随后"中心"每年在全国各地召开全国性的智能建筑新技术新产品研讨会，在国内具有较大的影响力，对促进各地智能建筑发展产生了积极影响。

4）开展智能建筑软科学研究

"中心"1999年提出了《智能建筑的发展及政策建议》课题，经原建设部批准纳入建设部1999年度科研计划。由"中心"23位专家组成的课题组，进行了两年的调查及研究工作，于2001年10月完成了课题。发表了综合报告及专题报告19篇，对我国智能建筑的发展与对策的研究报告包括"我国智能建筑发展的现状"、"当前的主要问题"、"发展前景及主要技术"、"措施和建议"四大部分，作为智能建筑行业发展的指导性文件，在国内外引起了很大反响。

5）推进住宅小区智能化的发展

随着智能建筑技术推广应用，使智能大厦的理念进入住宅建筑。为了使住宅小区智能化健康有序地发展，1999年7月25日"中心"在京召开了"全国住宅小区智能化技术研讨会"，与会代表就住宅小区智能化的规划设计、信息网络应用技术、智能化住宅小区建设中如何促进建筑生态化、节能、环保和可持续发展进行了研讨。并提出了住宅小区智能化有关标准、规划和准入规则及政策法规等，对促进住宅小区智能化健康有序地发展起了重大作用。

6）开展智能建筑试点示范工程

随着智能建筑的发展，工程质量成为突出的问题，抓工程质量迫在眉睫。1999年12月5日，"中心"组织专家、工程设计单位的设计人员和管理人员在上海召开了"全国智能建筑技术与实施经验研讨会"，会上提出了提高智能建筑的工程质量，关键在于提高智能化系统的设计和施工水平，并提出要搞试点示范工程来推动这项工作的开展，随后得到政府主管部门的支持。

7）大力开展智能建筑新技术推广工作

为促进国内智能建筑技术与产品开发和工程应用，"中心"与国内外企业、专家合作，采用LonWorks技术二次开发完成的"智能化大楼控制系统开发平台"1996年2月28日通过建设部的鉴定，并进行了推广应用。"中心"1997年发文推广"LonWorks技术在智能建筑中的应用"受到行业内有关人士的重视。

在1998年11月第二届中国智能建筑设备展览与学术研讨会上，"中心"围绕LonWorks技术进行了讨论，并于1999年10月28日在秦皇岛市召开了"LonWorks技术与产品配套推广会"会议就提高LonWorks产品的生产、研究开发、应用配套以及产品质量、产品价格等问题进行了研讨并达成共识。

8）重视行业技术队伍建设

为促进智能建筑技术的推广应用，1996年以来，"中心"同北京工业大学合作先后举办了多期智能建筑技术研讨班，全国400多名专业技术人员参加，其中350人经考试合格取得"智能建筑技术单科结业证"。"中心"商请有关高等院校成立了"智能建筑"专业。1997年"中心"与有关高等学校联合招收"智能建筑硕士研究生班"，已培养出四届共计60多人，已有多人领到工程硕士学位，带动了全国各地几十所高等学校均举办了"智能建筑工程硕士研究生班"。2005年教育部正式下达新专业目录——"建筑电气与智能建筑"专业。

9）抓点带面推进智能建筑的健康发展

①受上海博物馆委托，在建设部科技委主持下，"中心"组织专家对"上海博物馆智能化系统工程"进行了评审。专家一致认为该系统达到了国内领先水平和国际先进水平，其智能化系统建成标志着我国智能建筑进入了国际先进行列，建议在我国智能建筑的设计、建设中推广应用。

②为加快我国智能建筑技术的发展，"中心"1999年12月开始向全国电子信息推广应用办公室建议，在我国开展电子信息应用倍增计划"建设行业智能建筑试点项目"。该项目由全国电子办和原建设部共同组织实施，"中心"负责申报项目汇总、立项审查、项目跟踪、项目验收评估等技术服务工作。项目实施通过验收评估，也达到预期目标。

倍增计划"建设行业智能建筑试点项目"从2000年开始先后在北京、上海、天津、广州、深圳、沈阳、吉林、浙江、苏州、武汉、重庆等15个省市展开，至今已经立项70多个。自2000年12月对广州丽江花园住宅小区智能化系统进行验收评估以来，已经通过验收评估共计20多个，其中包括办公楼、博物馆、宾馆、饭店、体育场馆、智能化小区等各类建筑。

通过这些项目的实施，有目的的对智能建筑建设投资模式、功能需求、系统配置、技术方案、产品选型、工程实施经验和技术标准规范等进行探索和总结，提出改进意见，将有助于智能建筑技术推广应用，并不断提高建设水平，对优秀项目进行推广以推动智能建筑的发展。

10）创办智能建筑行业的宣传媒体

1996年为应对国内智能建筑发展形势需要，加快智能建筑的新理念、新技术、新产品、新成果的交流，普及和推广应用的步伐，在政府主管部门、业界专家、企业等有关方面的大力支持下，"中心"创办了《智能建筑》杂志，受到广大读者的喜爱和好评，为我国智能建筑的发展发挥了重要作用。

2001年在《智能建筑的发展及政策建议》研究课题的基础上，集中了智能建筑行业30多名资深专家参与编写，39个企业大力支持，由中国建筑工业出版社编辑出版了《智能建筑技术与应用》一书，高度总结了我国智能建筑发展前五年的理论与实践，对指导我国智能建筑的发展产生了较大的影响。

（2）政府主管部门重视抓政策、标准、规范建设

1）制定相关政策引导智能建筑发展

1997 年 11 月原建设部颁布了《1996—2010 年建筑技术政策》，智能建筑纳入该文件的《建筑技术政策纲要中》。

原国家经贸委发布了《"九五"国家重点技术开发指南》，智能建筑技术列入其中。

由于智能建筑的发展，智能建筑技术逐步延伸到住宅小区，成为智能建筑的重要的市场。为了指导住宅小区智能化建设，建设部住宅产业化促进中心于 1999年 12 月编写了《全国住宅小区智能化系统示范工程建设要点与技术导则》。

2）国家制定智能建筑相关标准规范

如《智能建筑设计标准》GB/T50314—2006，《综合布线系统工程设计规范》GB/T50311—2007，《综合布线系统工程验收规范》GB/T50312—2007，《智能建筑工程质量验收规程》GB50339—2003，《安全防范工程技术规范》GB50348—2004，《建筑电子信息系统防雷技术规范》GB50343—2004 等。

3）国家对智能建筑行业的管理

1997 年原建设部有关部门颁布《建筑智能化系统设计管理暂行规定》（建设〔1997〕290 号）文件，制定了政策法规，从此对行业强化了管理，使智能建筑发展走上了有序发展的轨道。为进一步加强智能建筑市场管理，将从业企业和人员纳入建设主管部门职能管理之中，1999 年原建设部颁布《建筑智能化系统集成资质管理规定》，2001 年颁布《建筑业企业资质管理规定》（建设部令第 87号）和《建筑业企业资质等级标准》（建建〔2001〕82 号）文件中设立了建筑智能化工程专业承包企业资质认证。

4）智能建筑相关的企业资质认证

由原建设部有关部门开展企业资质认证包括：建筑智能化系统集成专项工程设计资质、建筑智能化工程专业承包资质、消防工程专业承包资质、电子工程专业承包资质和今年 9 月将执行的建筑智能化工程设计与施工资质等。

目前，全国从业智能建筑工程（消防、安防、系统集成设计、建筑智能化专业承包、电子工程、机电安装等）相关企业共计 17400 多家。

5）对执业人员的资格认证

从事智能建筑工程企业技术人员专业结构及企业数量，企业人员主要由自动控制、计算机、建筑电气、电信（综合布线）、安防、消防、装修等工程技术人员组成。

我国多年来的工程管理模式是由工程师负责建筑工程设计与施工，项目经理负责施工管理。从 2004 年开始，将用 5 年时间，工程师和项目经理要向注册工程师和注册建造师过渡。

这一阶段的特点：随着智能建筑标准规范陆续出台，建筑智能化的对象已经扩展到机关，企业单位办公楼、图书馆、医院、校园、博物馆、会展中心、体育场馆以至智能化居民小区。智能化系统实现了系统集成。有把智能化建设作为卖点的倾向。

1.2.3 发展阶段（2000 年至今）

2000 年以来，智能建筑发展迅速，从业队伍越来越庞大，全国具有建筑智能化系统集成甲级设计资质和建筑智能化专项承包施工资质的企业已达 3000 多家，因此，加强行业管理为企业服务提到议事日程。2003 年 7 月建设部、民政部批准成立了中国建筑业协会智能建筑专业委员会（简称"中建协智专委"），协助政府部门从事行业管理，维护委员单位的合法权益，提高整体素质，坚持双向服务，加强政府与企业之间的联系。在建筑行业中积极开展技术交流和推广应用智能建筑科技成果，配合和协助设计施工，产品供应单位以及用户建立良好的运行、管理和维护体系，努力提高工程质量和从业人员素质，进一步推动我国智能建筑产业的健康发展。

"中建协智专委"作为我国智能建筑行业的社团组织和智能建筑技术的权威机构，自成立以来为我国建筑行业智能化作了大量工作。

（1）为建设部主管部门服务

自行业协会成立以来为政府主管部门作了大量工作如：

1）完成了建设部科技司下达的《建设事业信息化"十一五"规划——数字社区建设规划》、《节能省地型住宅和公共建筑技术指南》（建筑智能化技术部分）等编制任务；

2）协助建设部承办了"首届国际智能与绿色建筑技术研讨会和展览会"；

3）完成建设部科学技术"十五"重点课题《数字化城市建设导则数字化工业园实施细则》；同时完成了建设部的《建筑节能智能化技术导则》；

4）配合建设部住宅产业促进中心智能化产品认定工作；

5）配合建设部信息中心制定、修改"建筑及住宅数字化技术应用标准"；

6）与中国建筑业协会标准化委员会联合编制《智能建筑工程检测规程》；

7）配合全国电子办、建设部科技委智能建筑技术开发推广中心开展的"建设行业智能建筑试点示范项目"立项、评估等工作；

8）配合有关政府部门及相关行业编制有关政策、标准规范。

（2）开展智能建筑工程评估工作

我国智能建筑经过 10 多年的发展，市场逐步成熟，相关规范不断完善，各地积累了一定的建设经验。建筑智能化系统的投资在建筑总投资中占到 5% ~ 8%，有的达到 10%。为保证工程质量，充分发挥专家工作组的作用，经建设部主管部门同意，"中建协智专委"组建"智能建筑工程评估中心"，逐步开展了智能建筑工程评估工作，先选择重点工程、试点示范工程开展工作，再全面推进智能建筑工程的质量评估。在智能建筑工程评估过程中推行了由国家认可的检测单位进行工程检测，"中建协智专委"组织专家依据工程项目检测结果、现场核查、技术资料核查和用户意见等进行综合评估，并根据评估结果授予"中建协智专委"颁发的相应标牌和证书。

2004 年"中建协智专委"根据《智能建筑工程质量验收规程》GB50339—2003、《智能建筑验收检测规范》制定了三个评估文件：《智能建筑工程评估办法》、《智能建筑工程评估细则》、《工程评估申报表》和《评估评分表》。

经过三年的工程评估，完成了贵州金阳行政中心、福州国税局培训中心、深圳市政府大楼、胜利油田东胜大厦、宁波经济技术开发区管委会行政中心、解放军电视宣传中心大楼、万丽泰达酒店及会议中心、北京天秀花园、浙江嘉兴行政中心、重庆公安指挥中心大楼、北京中环广场数据中心、第一城会议系统、首都博物馆（奥运配套项目）、北京人保大楼、青岛卷烟厂、福建龙岩大厦、广州白云国际会议中心等 17 个项目工程评估。通过近三年的工程评估工作，对提高智能建筑工程质量，维护用户利益和维持系统长期运行发挥作用，意义重大。

（3）开展智能建筑技术咨询

智能建筑工程建设，一般建设方往往提不出建筑的功能需求，要由设计院进行设计，由集成商进行深化设计，满足不了建设方的需求，建设方的大量投入得不到合理回报。因为在我国智能建筑的建设缺少一个重要环节——技术咨询机构（顾问机构）进行前期规划，为建设方当好技术参谋。

2004 年"中建协智专委"面向智能建筑市场，充分发挥行业专家优势，针对承担的咨询项目，选专业覆盖面全、实际经验丰富的专家进行全程技术服务。近三年来完成了北京药械大厦、中关村科技大厦、嘉兴市行政中心、海宁市行政中心、桐乡市行政综合楼、贵阳市云岩区政府行政大楼、哈尔滨软件园、贵州省交通枢纽办公大楼、北京银行总部大楼、广州发展中心大楼、最高人民检察院办公楼、中铁六局办公楼、最高人民检察院检察官学院、检察官国际交流中心、人事部办公楼、金成大厦以及奥运体育场馆等三十多个项目智能化系统工程的技术咨询。经过咨询服务使建设项目智能化系统的功能定位、设计方案和工程质量得到了保证。

2005 年北京"2008"奥运体育场馆智能化和信息化工程全面启动。根据市建指办［2005］233 号的文件精神，为保障北京"2008"奥运会场馆智能化工程建设水平充分满足奥运赛事要求，2005 年 12 月 30 日北京"2008"工程建设指挥部办公室特委托专委会作为北京奥运场馆智能化系统工程技术咨询顾问单位。专委会组织了各专业的 27 名国内知名专家组成工程技术咨询专家组并与专家签订《北京"2008"工程建筑智能化技术咨询专家确认书》，以确保工程质量，并制定了工作方式和工作计划。

智专委先后对国家体育场（鸟巢）、国家体育馆、五棵松体育馆、北京工业大学体育馆、奥林匹克森林公园、奥林匹克公园中心区、奥运国际会议中心等项目组织专家进行了技术咨询。对咨询项目智能化、信息化系统的工程招标文件、招标设计图纸、标书编制（技术部分）及其他相关文件进行了编制审查修改。

为了保证在国家体育场顺利完成开幕式及闭幕式，特别对国家体育场智能化系统的建设进行了全方面的咨询。包括招标文件、设计方案、技术攻关、工程管理方案、奥运期间的保驾护航方案、工程的验收评估，进行了认真的研究，提出了一系列合理化建议，在项目规划设计和实施中基本上都得到采用。

（4）推动行业的技术进步

为使智能建筑行业长足发展，"中建协智专委"组织了各种形式的技术推广活动，举办多种专场的新技术研讨会达几十场。如工业以太网高峰论坛，智能建筑中无线技术的应用，建筑节能与智能建筑技术高峰论坛，IT技术在智能建筑中的应用，医院建筑智能化信息化高峰论坛，智能建筑系统集成的新理念、新技术研讨会，东北三省、西北地区、西南地区智能建筑新技术新产品研讨会，智能建筑安全防范新技术、新产品研讨会，体育场馆智能化信息化高峰论坛，"2008"工程建设智能化技术研讨会等。

另外，采取走出去，请进来的形式，开展国际交流。2005年10月27日至12月6日中国建筑业协会智能建筑专业委员会（IBC）组织十名专家出访英国伦敦，应英国IBG（智能建筑集团）邀请出席了英国IBG与中国IBC专家进行的技术交流，并参加了英国IBG与标准协会（BSI）共同举办的"智能建筑创新、可持续性商业价值"研讨会，同时考察了英国"原伦敦市政府大楼"、"兰水购物中心"节能建筑以及智能化医院等。研讨会上介绍了智能建筑的新理念如：网络建筑、IB＋IT、什么是21世纪建筑等。2006年3月特邀英国CDC总裁来我国作智能建筑系统集成的报告，介绍了"全新的设计理念"，深入地分析了以IP网络为主干网络是集成技术的核心。

（5）加强对内行业管理

为了保证智能建筑行业健康发展，更好地为我国智能建筑产业服务以及对行业的管理，专委会主要开展了以下工作：

1）制订《中国智能建筑行业企业自律公约》，对我国境内从事智能建筑研究、开发、设计、施工、监理、教学、行业管理单位和系统集成商、房地产开发商、物业管理企业等，提出了职业道德标准，树立用户至上、公平竞争、保证质量、严守法规等新风尚。与北京工商局合作开展年度"守信企业"评审并公布。

2）为进一步树立企业品牌，以促进智能建筑行业的健康发展，自2004年以来开展了《智能建筑工程年度企业完成工程额统计》，连续三年的工作，取得了较好效果，初步显现一批实力较强的企业在行业发挥骨干作用。

3）为发挥行业协会的引导作用，促进智能建筑产品国产化，以满足智能建筑工程需求，开展了年度智能建筑相关产品登记和智能建筑优质产品的推介工作，组织专家进行评审，并在《智能建筑》杂志、协会网站和工作简报等宣传媒体上进行公布，得到业界的广泛认可。

4）组织专家编写出版了《智能建筑工程技术丛书》（共计9卷，每本30～40万字），即《楼宇自动化工程》、《安全防范工程》、《消防工程》、《综合布线工程》、《信息网络工程》、《智能化供配电工程》、《机房工程》、《智能建筑控制与节能》和《社区数字化工程》。这套丛书的面市，在行业中影响很大，充分展现了我国智能建筑发展十年来工程技术专家们的理论与实践的结晶。该丛书系统性强、内容全面深入、结合实际，对工程应用具有指导意义。

（6）全行业开展自动化系统工程师资格认证

为与国际接轨，实行工程技术人员的职业资格认证，中国科协领导由中国自动化学会等十多个全国工科学会组织开展工程师资格认证试点工作——自动化系统工程师认证简称 ASEA（Automation System Engineer Accreditation），中国自动化学会委托中国建筑业协会智能建筑专业委员会进行智能建筑行业内的认证、培训工作，包括：注册自动化系统工程师、自动化系统工程师、自动化系统助理工程师。

目前，已经编制了培训教材、考核、考试大纲以及题库并成立了工程技能测试中心。经过评审已经通过两批注册 ASE，全国 20 个省市 203 名左右的工程技术人员获得了注册 ASE 认证。今后 ASE 认证工作仍继续进行，将形成一个长效机制。

（7）组织专家参与信息化建设

前美国副总统戈尔于 1998 年 1 月 31 日在加利福尼亚科学中心首次提出了"数字地球"的概念，1998 年江泽民主席提出了"数字中国"的战略构想，1999 年在我国召开的"数字地球国际会议"上北京市市长刘淇正式启动"数字北京工程"，全国各大城市提出了构建"数字城市"、"信息城市"。建设部《建设事业"十五"计划纲要》中明确提出了用信息技术改造传统产业带动产业优化升级的任务目标。

信息产业部和建设部在全国开展了"数字城市"的试点示范工作，信息产业部提出的在政府系统建立"三网一库"为基本架构的政府信息化框架，工作不断深入，各政府部门信息化力度加大。因此，建设部科技司于 2004 年制定出"数字城市实施导则"。

信息产业部、建设部、国家技术监督局于 2003 年 1 月成立《建筑及住宅社区数字化技术应用》国家标准编制委员会，已于 2006 年得到批准的标准有：

- 《建筑及住宅社区运营服务数字化技术应用》GB/T202991
- 《建筑及住宅社区控制网络运营通信协议》GB/T202992
- 《建筑及住宅社区数字化技术应用系统检测验收》GB/T202993
- 《建筑及住宅社区物业管理数字化系统》GB/T202994

2004 年建设部智能建筑开发推广中心与中国自动化学会共同编写了《数字化城市建设导则数字化工业园实施细则》并进行了试点示范，如青岛市北区数字工业园已在全国电子办、建设部立项。

数字城市的建设，国家信息化的开发使智能建筑理念有所发展。2005 年建设部智能建筑开发推广中心先后召开"医院智能化信息化研讨会"，"体育场馆智能化信息化研讨会"，把信息化提到重要位置。2005 年由华东建筑设计院等单位修订的《智能建筑设计标准》GB/T50314—2006 也加入了大量信息化内容。

这一阶段的特点：智能建筑呈现网络化、IP 化、IT 化的趋势，一批新技术、新产品进入智能建筑领域，如无线技术，数字化技术产品的采用；智能建筑的建设更理性化，追求使用功能和品牌效应而不是单独炒作；系统集成更实用化，建设方根据需求采用不同的集成方案；智能建筑加强了行业管理，使其更健康发展。

2 智能建筑技术现状与发展

随着现代计算机、控制、通信技术的不断发展及关键技术的突破，智能建筑将向着集成化、智能化、协调化方向发展。神经网络技术、专家系统和模糊逻辑控制技术已经开始应用于数字社区，神经网络芯片和模糊芯片用于设备系统的智能控制，应用专家系统对设备进行监测、预测维护和故障诊断分析等，基于人工智能技术和计算机网络技术，可以进一步提高智能建筑的智能控制与智能管理水平。智能建筑的发展趋势是以人为本，可持续发展、绿色、信息化与智能化结合。

2.1　信息网络技术

《中共中央关于制定"十一五"规划的建议》中明确提出要"加强宽带通信网、数字电视网和下一代互联网等信息基础设施建设，推进'三网融合'健全信息保障体系"。数字社区网络基础将向多网融合、三网合一技术发展，在同一个网络上实现数据、音频和视频的传送。三网在技术上趋向一致，网络层上可以实现互联互通、业务层上相互渗透和交叉，各种业务层和网络层正走向功能乃至物理上的融合，整个网络正在向下一代的融合网络演进。

要实现好三网合一，综合布线是基础。在进行综合布线系统规划设计时，要充分做好三网合一应用的调研工作，在物理链路上必须设计好各种应用的信息点数量和位置、足够的带宽和路由，特别是光纤的应用；在进行网络的设计时，必须做好各种应用网络之间带宽的相互关系、相互影响的分析，采用必要的技术手段如 VPN、QoS 及网络安全技术等来确保这些网络系统之间均不会产生相互不利的影响。

2.1.1　网络宽带化

为了满足日益增长的信息应用以及本身的系统集成和信息融合的需求，特别是多种信息融合已引起国家主管部门的高度重视。多种信息融合有利于优化网络结构，避免重复建设，减少投资；有利于资源集中和信息共享；有利于系统的科学管理、集中维护以及系统的发展和扩充等。智能建筑信息系统的宽带化是必然的。

随着光纤成本的下降，光纤已得到广泛应用，光纤到区（楼）、光纤到户FTTH（桌面），都为智能建筑网络的光纤化创造了必要条件。

从 2004 年开始，全国首个"光纤到户"试运行案例在武汉出现，2005 年正式投入运行，实现了互联网、电话、电视三网合一。2006 年底，武汉的 FTTH 用户达到两万户，预计到 2008 年武汉将有 10 万用户。通过光纤网的应用普及，将有利于提高数字社区、智能家居建设水平及增值服务业务的开发。全国各地都在开展 FTTH 的推广工作，如中国建筑业协会智能建筑专业委员会的试点项目南京钟山高尔夫别墅区的光纤到户工程顺利通过专家验收，这是网络宽带化的主要途径，值得关注。

2.1.2 下一代互联网

目前我们所采用的 TCP/IP 协议版本为 IPv4，IPv4 面临的问题如下：IPv4 地址已经不够用了；无法保证 Internet 语言和音像业务的实时应用；无法保证 Internet 可靠的安全通信。

下一代互联网能改善现有的互联网遇到的安全性、可靠性、业务质量保证等问题。下一代互联网的通信协议是 IPv6，其特性是：扩展地址空间、增强路由；地址自动配置，减轻管理者负担；IP 数据报报头简化，可减少传输过程中的延迟，提高网络整体吞吐量；提高了网络的安全性；提高了服务质量 QoS；便捷的移动 IP 特性。

我国政府对下一代互联网给予了大力支持。我国下一代互联网的示范工程（CGNI）正在实施，采用 IPv6 技术建立由核心网（含城域网）、接入网、驻地网和交接中心组成的下一代互联示范网络。CGNI 网络工程建设第一期覆盖全国 20 个城市，建立 39 个核心节点，2 个交换中心，是世界最大规模的 IPv6 网络基础设施之一。我国主要电信运营商、产品供应商积极参与 IPv6，网络设备、应用软件不断推出，CNGI 从试验示范走向商用的目标十分明确，中国的 IPv6 商用时代不会很远。但是从 IPv4 到 IPv6，两者要有个共存的阶段，要使现有的大量已安装了 IPv4 的主机和路由器兼容，其实现方法是双重堆栈技术、网络地址转换/协议转换技术、隧道技术。目前，我国在北京 2008 奥运场馆工程和大学校园网中，部分已采用了 IPv6 技术。

2.1.3 网络与信息安全

据统计，截止至 2006 年底，我国上网用户总数已达到 1.37 亿，其中宽带上网用户超过 1 亿。随着网络技术的不断发展，网络融合的步伐加快，进一步丰富了电子政务、电子商务、远程教育、远程医疗、移动信息在线等各类网上业务。

我们也要清醒地认识到，网络安全问题已日趋突出，网络不安全因素正由"单一型"向"混合型"发展，如不对网络安全事件的影响面和破坏力采取积极有效的应对措施，将威胁到国家的信息安全和经济社会的健康发展。因此必须要采取切实有效的措施，不断提高网络安全应急处理能力，有效地防范和应对各种网络安全问题。目前我国在安全测评评估技术、安全存储系统技术、主动实时防护模型与技术、网络安全事件监控技术、安全态势的分析与识别体系、数据备份与可再生技术、可信计算平台项目、UTM 与网络安全管理等技术方面已有实质性的突破。今后要密切追踪网络信息安全领域新技术、新应用、发展趋势，加强相关技术特别是关键核心技术的攻关力度，着力开展 IPv6 新的网络架构下网络安全问题的研究，推动网络信息安全产业的发展，以有效应对网络安全面临的各种挑战。

2.2　通信网络技术

2.2.1　程控电话用户交换机

由普通电话业务向 ISDN 综合业务交换延伸，并且可以实现与微蜂窝无线通信系统、会议电视系统、VSAT 卫星通信系统等系统的互联互通；通过 IP 网关开放 IP 电话业务，提供增值业务与呼叫中心业务，能够方便构建专用交换网络及与公用通信网络互通。软交换技术的应用为网络与业务的融合提供了条件。

在用户端采用 xDSL、HFC、光纤接入（SMTP）、光纤 + 以太网络、无线接入等技术的综合业务接入，使得光纤配线网络更加接近用户。

2.2.2　有线电视系统

网络向宽带（1GHz）与双向（上行与下行）传输信号发展，并且在用户端实现综合业务的融合与信息处理。

2.3　综合布线系统

综合布线系统产品与应用技术在中国发展至今已将近十四年了，它的技术体现在标准、产品、工程应用等方面。

综合布线产品以超 5 类、6 类、7 类屏蔽与非屏蔽铜缆布线以及 OM3 多模光缆、单模光缆为主要潮流，支持的传输带宽为 100MHz ~ 1GHz，网络应用的传输速率可以达到 10000Mbps，其不仅是通信网络的基础设施，而且将广泛应用于监控、门禁、楼控等弱电系统。

综合布线系统技术发展体现于 6 类及以上高端缆线与器件、7 类屏蔽布线、光纤到桌面、超小型光纤连接器、高密度配线模块、电子配线管理、高阻燃线缆、工业级器件、电力布线、家居信息配线箱、适时管理软件、有线 + 无线混合传输、端至端整体配线 + 网络与通信设施、高精度测试仪表等应用领域。

2.4　无线技术的发展

智能建筑选用无线技术是今后的发展趋势，随着 Internet 的无线访问、无线局域网、无线家居（如蓝牙技术）技术的成熟，近年来采用 GPRS 技术实现无线监控越来越普遍，甚至实现了无线数字闭路电视监控，特别是近年来出现了 WiMAX 技术———一种宽带无线接入技术。目前应用的无线网有两种，一种是宽带不可移动的，一种是可移动的宽带。WiMAX 技术具备了宽带移动功能，是一项能够提供高速无线宽带服务的新技术，它采用 OFDM 和 MIMO 技术，基于 IEEE802.16e 标准。其成本比蜂窝技术低很多，而覆盖范围比 Wi－Fi 大得多。WiMAX 不仅能大幅度提高家庭和办公室的网络传输速度吞吐量和容量，而且能够在手持设备上实现便携和移动服务。其最大优势是能够用于蜂窝网络运营商、有线运营商、有线电视运营商以及新型运营商，对不同服务提供商提供各种应用。除此以外，WiMAX 技术受到众多网络基础建设和终端设备厂商的广泛支持，而且获得了全球网络运营商的认可。由于遵循 IEEE 技术，可确保不同网络、不同厂商终端设备之间的互通，今后在数字城市管理、数字社区、智能化建筑群和智能建筑中都将会得到广泛应用。

2.5　数字视频传输技术

目前，在数字城市和数字化社区中，视频传输技术基本上利用宽带传输实现了数字化传输，如视频点播系统（VOD）、会议电视系统（MTV）、可视电话系统、可视对讲系统都已大量采用数字化技术，特别是数字视频监控系统是近年来发展的新技术，是基于局域网/城域网/互联网（Internet）的新一代远程网络的视频监控系统。该技术的优势十分突出：系统利用现有的网络实现远程监控、异地监控；监控点可随时增加，不再需要为增加一个监控点重新布线；系统易于升级；具有广泛的应用前景。

数字视频监控将成为主流，它将逐步实现数字化采集、数字化传输、数字化存储及显示。另外，广播系统、多媒体会议系统、有线电视系统等正实现从传统的模拟系统向数字化系统转变，数字化系统的应用必将取代模拟系统。

2.6　工业以太网技术

目前，由于现场总线标准中多种总线标准同时存在，始终不能统一，我们提倡的开放性和互操作性只能在同一种总线标准下实现。因此，工控界为寻求一种统一标准的总线，建议采用 TCP/IP 协议的以太网。工控界认为，这种把普通以太网用到工业控制系统的网络称为"工业以太网"，而智能建筑中的楼宇自控系统目前也逐步采用工业以太网技术。

工业以太网技术的优点是：基于 TCP/IP 的以太网采用国际主流标准、协议开放、容易实现互联互通；可实现远程访问、远程诊断；网络速度快；支持冗余连接配置，数据可达性强；可扩展性强；投资成本降低。

目前，工业以太网技术的实时性、可靠性、安全性、供电等问题已经得到解决。国内外已有成熟产品进入市场，有关部门现正在制定工业以太网标准。目前采用工业以太网的楼宇自控产品已经商品化，在智能建筑工程中得到应用。

2.7　火灾自动报警技术的发展

19 世纪末，第一个感温探测器的研制成功，实现了火灾自动探测。20 世纪 50 年代初研制出离子感烟探测器，向火灾早期报警迈进了一步。20 世纪 90 年代初，模拟分析感烟探测器的出现，可通过软件分析技术大大降低误报率。

2.7.1　火灾探测器的发展

如何探测初期火灾，做到早期准确报警是火灾自动报警系统发展的方向，目前已研制出了相应的智能型探测器，特点如下：

（1）由单一型发展为复合类型的火灾探测器。

（2）被动型探测器发展为主动型吸气式感烟探测器。特别适用于大空间强电磁环境，需要隐藏的环境。

（3）接触型探测器发展为非接触型图像式火灾探测器。包括：

视频感烟探测器：采用摄像机监控被保护场所，通过计算机对图像信号进行分析，利用特征提取对比法可早期报警，大大降低误报率。

双波段图像火灾探测：双波段图像火灾探测器是对早期火焰进行探测，采用微光摄像机加彩色摄像机组成双波段图像火灾探测，可以进行双波段探测，可进一步达到准确报警。

2.7.2 火灾自动报警系统智能化程度不断提高

（1）探测智能化系统：通过 CPU 对系统火灾信号进行接收、传递、处理、显示、报警及联动控制。

（2）主机智能化系统：将探测器输出的数字信号送至控制器，由控制器对信号通过先进的软件技术进行计算、分析、判断。

（3）分布式智能系统：以上两种系统的合成，智能化程度更高。

2.7.3 当前自动报警系统是研究动态

（1）开发的新型探测技术，如：光声火灾控制技术、燃烧音火灾探测技术、微波探测技术等。

（2）新的火灾信号处理技术，如模糊神经网络算法是一种集模糊逻辑推理的强大结构性知识表达能力与神经网络的强大自学能力于一体的技术。它是模糊逻辑推理与神经网络有机的结合体。

2.8 系统集成与信息融合

目前，智能建筑的特点是智能化子系统多、布线复杂、信息量大、信息种类较多。一个完整的系统，除了建筑智能化系统，还包括信息化系统（即所谓的 IB + IT），为了实现科学管理，实现增值服务，对系统集成的要求越来越高。

系统集成与信息融合可以实现：

（1）对前端内容管理：包括对 Internet 信息、应用系统信息提取，发布提供搜索引擎，对非结构化数据加工提取；

（2）个性化展示：提供方便快捷、可视化、直观的信息服务（包括栏目、布局、风格、设置、内容选择）；

（3）对后台应用系统和数据的集成包括：对共享信息的内容更换、存储管理发布，实现内容的数字化集中管理共享和再利用。

建筑智能化系统集成将逐渐趋于成熟，系统集成将不再是各个子系统之间简单的连接以及简单的联动。系统集成将充分利用现代计算机网络通信与信息技术，将建筑内部众多的智能化子系统，集成在一体化的高速通信网络和统一的系统平台上，实现统一的人机界面和跨系统、跨平台的管理和数据访问。建设基于统一网络平台的建筑智能化集成管理系统（IBMS），以实现信息综合管理和资源共享，从而达到建筑综合管理、指挥调度、运营与维修管理、客户服务管理、物业管理智能化的目的。任何人可在任何地方通过标准的互联网浏览器与控制网络进行交互操作，不同厂家、不同协议产品均能在一个公共平台实现集成网络的管理，集成平台将兼容各种标准通信协议，符合通用标准的硬件设备可兼容、互换。

目前，我国系统集成软件产品已经取代了国外进口的产品，如西安协同的Synchro BMS、清华同方的 ezONE 和 ezIBS、北京中创立方的 InteBASE3000、太极公司的 TJ – IBMS、北京三维力控 IBMS 专用版、浙大中控的 ADV BMS、深圳太极的 STJ – IBMS V2.0 等。

3 建筑智能化工程咨询管理

　　智能建筑是计算机和信息处理技术与建筑艺术相结合的产物，建筑智能化技术以多学科和高新技术的高度集成为主要特征，力求实现资源和任务的共享，达到多、快、好、省的高经济效率目标。

　　随着智能建筑的发展，智能建筑工程咨询作为一个新兴的高智能服务产业发挥着日益重要的作用，且越来越受到人们的重视。

　　所谓智能建筑工程咨询，即是接受业主或投资人的委托，为保证建筑智能化工程项目的顺利实施，按照委托规定的工作内容，以咨询工程师执业标准为尺度，对建筑智能化工程项目进行有效的组织、指挥、协调、督促、检查与指导，协助业主或投资人顺利完成工程项目目标。

3.1 建筑智能化工程咨询管理的意义和目的

3.1.1 建筑智能化工程咨询的意义

　　我国的智能建筑起步于上个世纪 90 年代初，但发展迅速，以至于人们在认识上和管理上对智能建筑系统工程技术的复杂性、相关系统工作协调的重要性和综合系统集成的必要性缺乏了解，在智能建筑的前期规划与工程实施中出现了各式各样的问题。这些问题主要表现在如下几个方面：

　　（1）盲目地进行前期策划，投资、功能与需求不符。边招标、边设计、边施工、边修改现象严重，造成很大的浪费；

　　（2）部分建筑设计院缺乏把握建筑智能化系统工程专业设计人员，造成方案设计与施工图设计脱节，设计不合理，各子系统之间不能进行集成，达不到真正的建筑智能化要求，造成投资浪费；

　　（3）有的智能建筑集成商项目管理人员缺乏工程管理技能，施工组织能力差，不善于与相关专业管理人员或相关部门进行良好地沟通，进而影响工程进度和质量；

　　（4）有的智能建筑集成商或分包商专业的施工队伍能力较差，施工质量差，频繁返工，系统运行中故障率高；

（5）缺乏对运行管理人员的培训，导致系统设备不能正常或高效运行，严重影响系统功能的发挥；

（6）智能建筑的配套产品大多是进口产品，国内具有竞争力的产品极少，而且有些产品技术性能差，集成困难，使各系统不能相互协调动作，难以达到理想的智能化效果；

（7）多数监理企业缺乏建筑智能化工程专业监理人员，使工程质量难以得到有效地控制。这也是造成有些建筑智能化系统工程微观管理失控的原因之一。

解决上述智能建筑工程建设中出现的各种问题，最有效的办法之一是在智能建筑工程建设中引入建筑智能化工程咨询管理制度。

建筑智能化咨询企业实质上是一个高科技智囊团，它集合了计算机、网络与通信、自动控制等相关技术领域内高技术人才，他们都在相关技术领域内积聚了丰富的专业知识和经验，并专业从事相关技术的研究、开发和应用。专业咨询企业拥有知识经济所必需的生产要素和资本，咨询工程师可以从系统设计、产品选型、工程实施和运行管理诸多环节为业主或投资人出谋划策，为智能建筑的建设"保驾护航"。从事智能建筑建设的业主或投资人应该充分意识到智能建筑的建设对知识的依赖程度，要认识到对于系统设计，高新科技的应用以及工程实施的经验等方面的重要性远大于系统产品有形物质的作用。智能建筑实质上是多种"软"的、无形的知识的有机凝聚，更需要得到专业咨询公司在知识、经验等方面的支持和支撑。选择一个在智能建筑系统工程方面具有专业技术知识及具备相关工程实施经验的专业咨询企业，来帮助业主在智能建筑系统工程实施过程中的诸多环节上把好关，当好参谋是十分必要的；这种选择不但可以切实做到省时省钱，同时也可以确保智能建筑建设的成功，完全可以起到事半功倍的效果。

总而言之，发展智能建筑工程专家咨询产业是智能建筑技术发展的需要、建立智能建筑产业链的需要、建立系统集成管理平台模式的需要。

3.1.2 建筑智能化工程咨询管理的目的

智能建筑工程专业咨询工程师是工程项目业主或投资人进行建筑智能化项目管理的助手和参谋，其对工程项目管理的主要目的是保障委托方实现其对工程项目的预期目标，其次是按合同规定取得合法收入以及为咨询工程师的自身创造良好的社会声誉。

（1）业主为了使项目能够在质量、进度、费用等各方面达到预期目标，实现其最终的投资目标，往往委托咨询工程师为其承担某一方面或几方面的工作。咨询工程师正是按照委托合同的要求，运用其知识与经验，保障委托方实现其对工程项目的预期目标。

（2）按合同规定取得合法收入：咨询工程师利用其自身的智力劳动为委托方

提供服务，是现代社会发展所必需的。咨询工程师付出劳动，为委托方创造价值，有权按合同规定取得合法收入。关于咨询工作的付费标准，国家有专门的规定。

（3）为咨询工程师自身创造良好的社会声誉：咨询工程师是一种智囊型职业，声誉对于咨询工程师来说是极其宝贵的无形财富。如果咨询工程师通过自己的劳动与努力，能为顾客创造价值，那么同时也将为自己赢得声誉。

3.2 建筑智能化工程咨询管理的主要任务

根据智能建筑工程项目业主或投资人的委托，咨询工程师对建筑智能化工程需求、项目的前期规划、系统方案设计、项目招投标、深化设计、设备安装与调试、竣工验收及项目评价等环节提供全方位的咨询服务。阶段咨询项目的管理业主可以选项目进行的任何一个阶段，或其中的一个内容，也可以是几个阶段或全部管理工作。按建筑智能化系统工程项目进行阶段划分，咨询工程师对工程项目进行咨询管理的主要任务如下。

3.2.1 建筑智能化工程项目决策阶段

咨询工程师在这一阶段的主要任务是根据业主的委托，当好业主的参谋，为业主提供科学决策的依据，包括以下方面：

（1）接受委托，需求分析

1）咨询企业在与拟建项目的业主或投资人充分沟通和互相信任的基础上签订工程咨询委托协议书。在正式签约之前，咨询工程师应充分了解业主或投资人的建设意图和投资意向，帮助业主或投资人正确理解智能建筑工程的基本概念，了解建筑智能化系统中各个子系统的基本功能，理性地进行需求分析，务求以人为本，正确地看待智能建筑，它不但是高新技术的产物，而且是一个正处于高速发展期的新兴产业。

2）咨询工程师对项目拟建建筑物的性质、功能要求等情况进行调查分析，对智能建筑相关产品的市场情况进行研究，在此基础上，根据国家宏观调控政策与智能建筑设计标准，就建筑智能化系统的规模、标准等级、各系统项目的技术及功能要求做出实事求是的建议与规划，并与委托方进行充分的交流与沟通，取得共识。

3）对智能建筑项目进行可行性分析，对智能化工程项目整体或单项系统提出咨询意见，完成相应报告，交付委托方。

（2）协助业主或投资人完成工程项目任务书及方案策划等文件的编制

1）熟悉项目设计资料，掌握设计内容和各项功能要求，据此提交项目咨询文件，作为招标依据之一。

方案设计必须以需求分析为首要依据，必须针对建筑的使用性质做出符合该建筑物要求的、不同于其他建筑的方案。不同地域、不同性质、不同规模的智能建筑解决方案必须体现多元化和个性化的普遍规律。

咨询工程师既可以独立进行工程项目的方案设计（须在资质许可的前提下），也可以协助设计企业进行方案设计，或对设计企业独立做出的设计方案进行审查，并由甲方确认。

2）派遣智能化系统各专业专家，协助确定总体技术方案，包括建筑智能化各子系统设备选型推荐、系统集成方案的确定，如果甲方需要可以协助进行工程造价概算等，并交甲方确认。

3.2.2 建筑智能化工程项目准备阶段

（1）协助业主进行项目的有关设计招标、监理招标工作和施工招标工作

1）组织建筑智能化系统各专业专家实施招投标过程的询标及答疑工作；

2）协助甲方评标，按照公平公正的原则确定智能化系统工程施工总包单位或系统集成商；

随着建筑弱电系统的发展和完善，系统内容已不是简单弱电子系统的累加，而是一个具有相关联的，具有集成要求的综合性智能化系统。复杂的项目目标要求项目管理采用一种具有统一协调界面，责任明确的责任管理体系，建筑智能化工程项目总承包制是目前流行的、行之有效的项目管理办法。

确定智能化系统工程实施总包单位是一项非常重要的工作，这是由其担负的工程责任决定的。工程总承包的系统集成商既要负责大部分主要子系统的工程实施，还负责整个弱电工程的管理，包括进度、质量、费用的控制，各种内外关系的协调与沟通。而且与其他承包商不同的是，建筑智能化系统工程总承包商肩负着深化设计的职责。

所以在评标过程中，咨询工程师应重点审查建筑智能化工程项目总承包企业的综合实力，以及项目参与人员，特别是拟派项目经理的综合素质与能力。总的要求，项目总承包企业，一是要满足政府关于行业资质管理的有关规定，二是总承包企业必须具有与工程规模和技术要求相适应的经济实力、技术实力、企业管理水平以及良好的工程业绩。

参与项目建设的所有施工人员都应具有与工程技术要求相适应的能力，做到持证上岗。特别强调的是，项目经理必须具有较高的技术素质和较强的管理能力，且要求具有专业资格证书。这是由智能建筑的工程性质决定的。

3）协助业主或按业主委托要求完成项目进度安排，融资方案落实及相应协议的起草工作；

4）协助业主完成或接受业主委托进行设备采购招标工作；

5）协助委托方完成好项目的有关设计文件及项目开工等报批工作；

6）按委托方的要求，组织项目设计图纸的技术交底工作；

7）按委托方要求和国家有关规定，做好项目设计内容的调整与修改工作；

8）业主委托的其他工作，如内外关系的沟通与协调工作等。

（2）建筑智能化系统工程设计图纸的审查

1）待智能化系统工程总包单位、分包单位完成深化设计后，由咨询工程师协助甲方对技术设计进行审定。

2）按照技术先进、性能稳定可靠、确保实现目标要求的原则，对建筑智能化系统及相关专业的设备选型、性价比的合理性提出综合性建议及造价审查。对各子系统的主要设备清单乙方要准确地提供给甲方，并提出设备的市场参考报价。

3）对总包单位、分包单位的深化设计进行审定，对施工图纸进行审查，重点审查施工图的设计内容与方案设计的符合度，设计深度能否满足施工的需要，以及设计图纸绘制是否规范等，并将审查意见交予委托人。

3.2.3 建筑智能化工程项目实施阶段

咨询工程师在项目实施阶段的主要工作有如下几个方面：

（1）根据咨询委托协议，咨询工程师代表业主对项目施工进行监督、管理以保证项目在质量、费用和进度等方面满足业主要求。

（2）根据业主委托开展项目中间评价工作。

（3）及时向业主报告项目的有关进度、质量及费用等方面的情况。

（4）按有关规定对项目施工过程中的有关问题及时妥善地进行处理。

（5）为工程投产后的运营做好人员培训、操作规程和规章制度的建立等准备工作。

3.2.4 建筑智能化工程项目竣工验收阶段

智能建筑工程质量验收包括工程实施及质量控制、系统检测和竣工验收三个阶段。工程实施及质量控制包括：与前期工程的交接和工程实施准备、进场设备和材料的验收、隐蔽工程检查验收和过程检查、工程安装质量检查、系统自检和试运行等控制环节。系统检测是指由第三方检测机构对《智能建筑工程质量验收规范》GB50339—2003中规定的各智能化系统的检测项目，包括主控项目和一般项目实施的检测。竣工验收是在工程实施和质量控制、系统检测的基础上进行的。它涉及到对智能建筑工程各智能化系统从施工准备到成功运行全过程实施控制，并确保最终的工程质量。

（1）严格按照国家《智能建筑工程质量验收规范》GB50339—2003进行工程质量验收。

（2）协助业主或投资人委托国家认可的第三方检测机构对系统集成以及各子系统进行检测，并出具检测报告。系统检测按照《智能建筑工程检测规程》CECS 182：2005 实施。

（3）制定验收计划，待建筑智能化系统工程完成后，协助甲方进行工程竣工验收，提交验收报告。

（4）系统正常运行三个月以后，进行工程评估，并提交评估报告。

（5）选派专家协同或督促系统集成商对运行操作管理人员进行系统的基础知识、设备运行维护技能的培训。

（6）提交对系统运行、维护、管理规划的建议，包括管理策略，维护运行成本，管理制度等。

3.2.5 建筑智能化工程项目评估阶段

（1）咨询工程师按项目委托协议书的内容，进行检查落实，总结经验。

（2）对系统集成商的工程质量、设备运行状况、管理效果和经济效益进行分析、评价。

3.3 建筑智能化工程咨询工作的一般程序

建筑智能化工程项目咨询工作的一般程序可划分为前期准备、组织计划实施、提交咨询成果三个阶段。

3.3.1 前期准备

（1）接受委托

咨询工程师通过与委托方的谈判，确定咨询工作内容及有关要求、双方的责权利，在此基础上，双方签订工程咨询委托协议书或合同书。

（2）研究项目的相关资料

咨询工程师在工程咨询委托协议书签订前就应尽可能地搜集与咨询项目有关的资料。在协议书签订之后，咨询工程师须认真而详尽地研究有关资料，包括项目的背景材料、国家的相关法规、项目的有关文件、以及与项目相关的其他情况资料等。

（3）编写咨询项目工作大纲

在对项目相关资料进行认真研究的基础上，咨询工程师则应按委托合同对项目工作内容、时间进度、工作质量、成果提交方式等方面的要求编写咨询工作大纲。

（4）成立项目团队

根据大纲的要求，咨询工程师要及时构建项目团队，并进行团队工作职责任务分工。

3.3.2　组织计划实施

（1）进驻现场

咨询工程师应及时组织项目团队中的有关人员到项目现场调研，并与参与工程建设有关方沟通，建立协作与配合关系，为顺利开展咨询活动创造一个良好的工作环境。

（2）组织实施

项目咨询团队成员应按照各自分工，完成其相关的工作任务。项目经理要进行认真的组织与协调工作。在各相关部分工作完成的基础上，咨询工程师进行必要的系统性的组合与优化工作，并对出现的差异部分进行修正，以此作为基本工作成果。

（3）沟通与调整

为使咨询成果较好地符合委托方的要求，满足委托方的需要，在咨询工作开展过程中，咨询工程师必须与委托方经常进行必要的沟通。特别是在正式交付咨询成果之前进行的沟通更为重要。在沟通中重点解决以下三方面的问题。

1）原委托合同签订过程中企业提供的情况与企业实际情况的差异，为此咨询工程师采取的措施及工作安排和工作量变化，以及可能产生的时间变化等；

2）咨询工作成果与委托方原期望结果之间存在的差异，差异产生的原因等；

3）咨询工程师将咨询结论的主要依据、问题、基本意见等与委托方进行交流，认真听取对方意见，并根据具体情况，决定是否对咨询意见进行必要的补充和调整。

3.3.3　提交咨询成果

（1）交付项目成果

咨询工程师按双方协商好的方式，将咨询成果正式交予委托方，委托方对咨询成果进行签收。对于施工过程中的监理工作，咨询工程师应当在监理工作结束时完成全面的总结报告。

（2）总结性工作

咨询成果交付委托方后，咨询工程师要进行必要的咨询工作总结，包括工作经验和教训等。同时对一些资料、文本等进行归档。

（3）回访

咨询工程师在适当的时候，对委托方要进行必要的回访，一方面是了解咨询成果的实际效果，同时也是听取委托方对咨询工作的意见，以利于今后咨询工作的开展。

4 智能建筑设计的主要发展方向

4.1 总体要求

随着现代计算机技术、网络通信技术、自动控制技术的迅猛发展，并与建筑业、房地产业的结合，智能建筑、智能小区工程项目建设已经得到了迅速发展。二十一世纪的现代化建筑（建筑群）必将加速向智能化、信息化、网络化方面发展，以达到安全、方便、舒适、环保和节能的效果。

建筑智能化系统设计要遵循自上而下的设计方式，先规划智能系统集成的方案，后进行各子系统的设计，子系统的设计必须满足系统集成的需求，以确保系统开通后，能发挥其集中信息管理的优势。

建筑智能化系统设计要贯彻与建筑设计同步进行。智能化系统设计与建筑、结构、水、电、暖各专业设计一样，同步按建设工程设计要求、标准和管理程序，经历建筑设计方案招标、方案调整、方案会审；初步设计、初步设计会审；施工图设计、施工图质量审查、施工图交底等过程。尤其是各种基础条件，如进出线、机房位置面积、弱电井位置面积和用电要求等都必须在设计阶段向建筑等相关专业尽早明确的提出，完成条件互提、专业配合。

建筑智能化系统设计要遵循绿色环保国际化大趋势：高效、节能、环保（无废、无污）、健康舒适、生态平衡。包含三方面的内涵，一是消耗能源、资源最少，二是与自然生态环境友好，三是创造一个使人感到健康舒适的环境。

4.2 规范智能建筑设计

（1）规范业主行为

建设项目立项申报时，业主应将建筑智能化系统工程的内容纳入立项报告中。立项报告经有关部门批准后，方可进行建筑设计招投标或委托设计。业主在建设项目设计招标文件中要有智能化系统建设的内容。智能化系统工程设计费应按国家发展计划委员会、建设部《工程勘察设计收费标准》（2002 年修订本）计算及支付，并执行《工程勘察设计收费管理规定》，维护设计人的合法权益。

（2）规范建筑设计单位行为

在建设项目设计中，有关建筑智能化系统工程的设计应当与建筑的整体设计协调一致，并贯彻于设计工作的全过程。在方案设计阶段、初步设计阶段、施工图设计阶段，建筑智能化系统工程的设计必须同步进行。建设行政主管部门、各级城市建设规划部门、发展计划委员会、建委在审批建设工程各阶段时，对建筑设计院的报批图纸、文件中如缺少建筑智能化系统工程内容，则不予通过审批。建筑设计院对建筑智能化系统工程设计任务的设计深度，要依据《建筑工程设计文件编制深度规定》（2003 年版）执行，不能仅由设计人员画几个子系统的管线预埋图就算建筑智能化系统工程设计。

（3）规范系统集成商行为

系统集成商须具有智能化系统集成（或子项）工程设计（其中消防子系统除外）专项工程设计资质，系统集成商在原设计单位指导下作深化系统设计。设计文件深度必须满足《建筑工程设计文件编制深度规定》（2003 年版）。

4.3 智能建筑设计包含的内容

建筑智能化系统设计内容包括：智能化集成系统、建筑设备监控系统、综合安防系统、消防报警及联动系统、信息设施系统、信息化应用系统及机房工程等。

（1）智能化集成系统

智能化集成系统作为建筑物机电设备运行信息的交汇与处理中心，对汇集的各类信息进行分析、归类、处理和判断，采用最优化的控制手段，对各类设备进行分布式监控和管理，使各子系统和设备始终处于有条不紊、协调一致的高效、被控状态下运行，为满足智能建筑物功能、管理和信息共享的要求，可根据建筑物的规模对智能化系统进行不同程度的集成。

要求：

1）系统具有良好的人机界面，中文显示、操作简单、界面友好、管理轻松、方便。

2）系统的总体结构是结构化和模块化的，具有很好的兼容性和可扩充性，既可使不同厂商的集成管理系统整合到一个管理平台中，又可使系统能在日后得以方便地扩充，扩展连接其他厂商的系统。

3）系统支持包括 BACnet、LonTalk、TCP/IP、Modbus、OPC、ODBC、XML、CORBA、SQL 等标准通信协议和规范。

4）系统运行安全和可靠。

5）系统应实现对各智能化系统进行综合管理。

6）系统应能支持工作业务系统及物业管理系统。

（2）建筑设备监控系统

建筑设备监控系统的设计，包括：对中央空调系统、冷热源系统、给排水系统、公共照明系统的监控，对建筑配电系统、电梯系统的监测，以及能量管理系统等的设计。

建筑设备监控系统通过对建筑物内的各种机电设施进行全面的计算机监控管理，为建筑物用户提供良好的工作环境，为建筑物的管理者提供方便的管理手段。达到减少建筑物的能耗、延长设备使用寿命、提高生产率和降低管理成本的目的。

要求：

1）系统可采用多种网络结构，实现集中管理、分散控制；

2）系统监控点位留有 10% ~20% 的余量，便于扩展；

3）系统必须是具有开放性、可扩充性、标准化，支持包括 BACnet、Lon-Talk、TCP/IP、Modbus、OPC、ODBC、XML、CORBA、SQL 等标准通信协议和规范；

4）中央控制室应由变配电所引出专用回路供电，中央控制室内设专用配电盘，负荷等级不低于所处建筑中最高负荷等级；

5）中央管理计算机应配置 UPS 不间断供电设备，其容量应包括建筑设备监控系统内监控设备用电总和并考虑预留的扩展容量，供电时间不低于 30 分钟。

能量计量系统通过对建筑物的空调、水、电、煤气等能源消耗量进行计量，为建筑物的管理者提供方便的管理手段。达到减少建筑物的能耗，合理进行收费和能量管理的目的。

（3）综合安防系统

综合安防系统设计包括：闭路电视监控系统、防盗报警系统、门禁系统、考勤系统、巡更系统、停车场管理系统、保安对讲系统等。安防系统的设计应考虑综合、立体、多方位。

闭路电视监控系统设计，应考虑在各类建筑内的主要公共活动场所、通道以及重要部位等进行实时、有效的视频探测、传输、显示和记录，并具有报警和图像记录、复核功能。

防盗报警系统设计，应考虑根据各类建筑中的安全防范管理的要求和防范区域及部位的具体现状条件，安装各种类型报警探测器，实现对设防区域的非法入侵及时、可靠、正确无误实施报警。

出入口控制系统包括门禁、考勤系统的设计，根据各类建筑的安全防范管理的需要，对大楼内需要控制的通行门、出入口通道及电梯等的通行位置、通行对象、通行时间进行有效的控制和管理，并具有报警功能，同时可与火灾自动报警系统联动，在大楼员工出入口设置考勤读卡器或门禁读卡器设置考勤功能。

巡更系统设计，根据各类建筑的安全防范管理的需要，按照预先编制的保安人员巡更软件程序，通过读卡器或其他方式对安保人员巡逻的运动状态进行监视，做好记录并能及时告警，巡更系统设计可以采用在线式或离线式。

停车场管理系统设计，根据各类建筑的管理要求，对车库（场）的车辆通行道口出入控制、监视、行车信号指示、停车计费及汽车防盗报警等综合管理。

保安对讲系统设计，采用架设无线基站，大楼安全保卫人员通过手持无线对讲机，在一定范围内进行实时通信。

综合安防系统要求：

1）对主要公共活动场所、通道以及重要部位通过各种摄像机、镜头的搭配使用，实现有效的监视。

2）根据监视点的数量配置监控中心管理设备，系统的画面显示能够任意编程，能自动或手动切换，在画面上应有摄像机的编号，摄像机的部位地址和时间、日期等。

3）闭路电视监控可通过软件或硬件方式与报警系统、出入口控制系统联动，能根据需要自动把现场图像切换到指定的监视器上显示，并自动录像。

4）对重要或要害部门和设施的特殊部位进行长时间的全实时录像。

5）系统设计宜采用集成式安全防范系统，系统设置安全防范系统中央监控室，通过通信网络，联接安全管理中央控制设备及子系统设备，实现由中央监控室对全系统进行集中的自动化管理和监控。

6）系统需要建立留有与外部公安110报警中心联网的通信接口。

7）探测器类型可根据防范的要求设置。

8）对重要区域和重要部位，设置现场声光报警设备。

9）系统能显示报警部位和有关报警数据，并能记录及提供联动控制接口信号。

10）对建筑内（外）通行门、出入口、通道、重要房间等处设置出入口控制设备。

11）门禁系统必须与消防系统联动，在火灾报警时能及时封锁有关通道和灯，并迅速启动消防通道和安全门。

12）停车场管理系统应能与出入口控制进行联合设置，数据共享，实现"一卡通"功能。

13）综合安防系统采用计算机集中控制方式，能与智能化集成系统进行集成，其接口方式和协议必须满足系统集成的要求。

（4）消防报警及联动系统

消防报警及火灾联动系统设计包括：火灾自动报警系统、自动喷淋系统、紧急广播系统等，其设计施工必须具有消防相关的专项资质。系统设计可参考相关的消防设计规范，这里不作详细叙述。在设计紧急广播系统时宜采用紧急广播与背景音乐系统合用一套系统，平时作为背景音乐系统使用，发生消防报警时能紧急切换成消防紧急广播状态。

（5）信息设施系统

信息设施系统设计包括：综合布线系统、计算机网络系统、无线覆盖系统、卫星接收及有线电视系统、背景音乐系统、VOD 视频点播系统、语音通信系统、会议系统、多媒体查询系统、电子信息发布系统等。

综合布线系统设计包括工作区、水平区、垂直干线、管理间、设备间和建筑群六个子系统，系统能支持语音、数据、图像等多媒体和多业务的需要。综合布线系统设计内容及要求可参考《综合布线系统工程设计规范》GB50311—2007 的要求进行。

计算机网络系统设计可分局域网、广域网、城域网。网络拓扑结构有总线型、环型、星型结构、网状等，还有一些是对上述拓扑的优化或组合。大楼局域网设计，通常可分为核心层、汇聚层和接入层。

计算机网络系统要求：

1）以太网遵从 IEEE802.3 规范，802.3 协议族包括 802.3u 快速以太网，支持 10/100Mbps 以太网，802.3z 支持 1000Mbps 以太网，向下兼容，802.3ae 支持 10G 以太网。大楼局域网设备应支持 802.1q 虚拟网技术和 802.1d/w/s 生成树协议。核心设备可以支持三层 IP 路由，常见的静态路由、动态 OSPF、RIP、BGP、IS－IS 路由。

2）常见的局域网网络交换设备需要支持 10/100/1000Mbps RJ45 的以太网口，光纤接口支持 100Base－FX，1000Base－SX/LX/ZX 和 10Gbase－接口的 SC/LC/MT－RJ 接口。

3）常见的广域网路由设备需要支持 10/100/1000MbpsRJ45，1000Base－SX/LX/ZX 的 SC/LC 接口外，需要支持各种广域线路接口，常见的同、异步口及 ATM 接口，这些端口通过连接调制解调器或协议转换器（CSU）设备，支持多种广域接入，如 POST、ISDN、E1、T1、SONET、FrameRelay、X.25、DSL 等广域接入。物理端口类型会根据厂商的不同而变化，例如有 DB9，DB60，RJ11，G.703，RJ45，LC，SC，MT－RJ 等。

4）广域网传输技术主要分专线、电路交换和包交换网络。

5）无线局域网 WLAN 主要标准有 802.11a、b、g，及 WinMax、UMB、RFID、Zigbee、Bluetooth 和 3G 网。

6）计算机网络安全设计要求考虑设备安全、系统控制安全及信息安全，安全管理。常见的网络安全产品有网络防火墙，入侵检测设备，网闸，VPN 设备，防毒墙，防病毒软件等。

7）计算机网络管理设计考虑需要支持多种配置、管理方式，常见带外管理有 Console、AUX，带内管理 telnet、SSH、Web、SNMP 管理客户端，以及 RMON。日常维护应配置网管软件，交换机需支持 SNMP/v1/v2/v3 等，网管软件应具备拓扑发现、设备配置、事件日志告警、流量监控等四大基本功能。

无线覆盖系统设计重点考虑移动、联通、小灵通等运营商的移动电话的无线信号增强，要求能覆盖建筑物的各处，没有死角。

卫星接收及有线电视系统设计包括大楼内的有线电视分支分配网的设计及卫星信号接收的设计，网络设计必须满足数字电视双向传输的要求，支持 860MHz 的双向传输网络的要求，包括正向和反向电平的计算，要注意反向漏斗效应，注意卫星接收天线型号、安装位置的选择及安装方位角、仰角的计算，节目源设计必须兼容当地有线电视信号、卫星接收信号、自办节目信号、VOD 信号等。

VOD 视频点播系统设计可结合有线电视系统网络统一设计，合理利用有线电视网络及大楼局域网。

背景音乐系统设计主要满足背景音乐、公共广播的需求，如果背景音乐与紧急广播共用扬声器，则背景音乐系统设计必须达到消防广播设计的要求，广播的分区及功放的配置必须满足消防要求。

语音通信系统设计包括程控交换系统、虚拟交换机系统、VOIP 系统，需根据不同建筑使用功能的需求，为业主设计合适语音通信系统。

会议系统设计包括音频扩声系统、视频显示系统、数字会议系统、视频会议系统以及中央控制系统等的设计。

1）音频扩声系统设计内容主要包括话筒及其他音源设备、调音台、音频处理设备（或称周边设备）、功放及音箱等。系统设计选型必须注意音箱与功放相匹配，对于中、大型会议场所，需作声压级、均匀度、语言清晰度等重要参数的声场模拟设计。

2）视频显示系统是由视频源设备、视频处理设备和视频显示设备三部分组成。系统设计时必须充分考虑各种视频源（摄像机、DVD、视频展台、电脑等）的接口，做好地面插座或桌面插座的预留。显示屏幕可选择投影幕、等离子（PDP）、液晶（LCD）以及背投（DLP）等。

3）数字会议系统是指各个会议单元之间通过手拉手方式连接，多路音频信号经模数转换在同一条线缆上进行传输，可根据需要选用会议发言、投票表决、同声翻译、身份认证、摄像自动跟踪等模块，并由中央控制主机进行统一控制和处理的一整套数字化系统。系统设计内容主要包括会议讨论发言、会议投票表决、同声翻译、IC 卡身份签到认证、摄像自动跟踪等功能模块，设计时可根据实际功能需求进行选择，如果需要同声翻译功能，必须预留同声翻译室。

4）视频会议系统是指通过现有的各种通信传输媒体，将人物的静态/动态图像、语音、文字、图片等多种信息传送到各个分会场，使得在地理上分散的用户可以共聚一处，通过图像、声音等多种方式交流信息，达到如同面对面开会的效果。系统设计包括传输网络、视频会议终端、多点控制单元（MCU），应考虑充分利用大楼已有的网络传输资源。

5）中央控制系统是指对会议室的音响、视频及灯光窗帘等环境电器等设备进行集中控制和管理，以提高会议室系统使用的方便性、安全性和可靠性。系统设计包括各种控制对象、控制主机、触摸屏或控制面板、各种控制模块的选用等。在会议要求比较高、会议室相对较多的建筑内可考虑设计媒体矩阵集中控制各个会议室设备，可形成虚拟的会议控制中心。

多媒体查询系统主要利用计算机处理技术，在公共场所实现简易直观的人机交互。系统设计时要求在公共场所如门厅、大堂等做好信息点的预留，要求充分利用大楼已有的局域网资源，且需具备对外的网络接口，以实现数据共享。

电子信息发布系统主要实现在大楼的公共场所显示或发布公共信息，系统由屏幕控制机、视频处理和控制单元、通信模块、数据分配和扫描单元、显示屏幕等组成。系统通过计算机图象处理技术，将多种形式视频信息源引入计算机网络系统实现视频信号的即时播放。设计时需根据建筑物的具体需要，对屏幕的尺寸、数量、像素、发光材料等进行选择，屏体可以选择 LED、DLP、LCD、PDP等，设计时必须考虑预留足够容量的电源。

（6）信息化应用系统

信息化应用系统设计应能为建筑物的拥有者（管理者）及建筑物内的使用者，创造良好的信息环境并提供快捷有效的办公信息服务。信息化应用系统应能对来自建筑物内外的各类信息，予以收集、处理、存储、检索等综合处理，并提供人们进行办公事务决策和支持的功能。

要求：

1）性能安全可靠：提供口令验证、加密、权限控制、权限分配细致合理。

2）用户界面友好，操作简单。

3）详尽的日志记录：系统对运行过程中的各种事件进行完整的记录，形成日志数据写入日志文件，以便对系统运行过程及用户操作进行跟踪分析，保证系统稳定运行。

4）系统须具备足够的兼容性，能够跨平台、跨操作系统、跨数据库。保证系统平台与其他应用系统之间能轻松地进行连接。

（7）机房工程

机房工程的设计内容包括机房功能区划分、机房装饰、电气系统、照明系统，机房空调系统，机房集中监控系统，机房消防系统，机房防雷接地系统等，机房设计属于综合性工程设计。

机房工程设计要求：

1）在建筑的土建设计阶段首先应对机房的位置选择、面积划分、层高、楼板荷载等内容做出合理设计。

2）在机房装饰设计中对机房内的顶面、墙面、地面、门窗、隔断进行设计。材料宜选用阻燃、防静电、不起尘、易清洁的产品。

3）机房电气系统与电源系统设计应根据机房内的智能化系统设备用电负荷计算供电容量，并做出相应的回路设计。对于普通工作用电、设备用电、UPS 不间断电源要加以区分。

4）机房空调系统设计应根据机房内的设备发热量以及机房的面积、平面划分、设备布局综合计算精密空调的制冷量、风量，并根据设备布局的情况做出送风方式的设计。要考虑防漏水设计。

5）机房照明设计应根据机房的平面划分布置照明灯具，做到照度满足规范要求，布局均匀合理。在普通工作照明的基础上要添加一定比例的应急事故照明。

6）机房集中监控系统设计要考虑动力监控、环境监控、漏水监控、设备监控、消防监控等内容。

7）机房消防系统设计主要考虑灭火药剂的选择，消防防区的划分，消防报警系统和监控系统等，不允许使用水喷淋消防系统。

8）机房中的防雷接地系统必须有效的保证人身的安全以及智能化系统设备的正常运行。

9）机房工程设计应符合《电子信息计算机房设计规范》GB50174 和《建筑物电子信息系统防雷技术规范》GB50343 相关规定。

（8）部分建筑（建筑群）的建筑智能化设计要求

建筑智能化系统应用于新建、扩建和改建的办公、商业、文化、媒体、体育、医院、学校、交通和住宅等民用建筑及通用工业建筑中，在如医院、住宅、体育场馆建设除常规建筑智能化系统设计外，还有各自的个性智能化需求，需要在设计中体现。

医院智能化系统工程设计，还包括：医护对讲系统、排队叫号系统、医学示教系统、重症监护系统、病人探视系统、婴儿防盗系统、医院信息管理系统（e－His）、医疗图像管理系统（PACS/RIS）等。在进行医院智能化系统设计时，要求充分利用现代的计算机技术、网络通信技术，本着方便病人、方便管理、绿色环保等宗旨为不同等级的医院配置合理的智能化系统。

住宅小区智能化系统设计，还包括：智能家居系统、可视对讲系统、远程抄表系统等，在进行住宅小区智能化系统设计时，可参考《居住小区智能化系统建设要点与技术导则》为不同类型、不同居住对象、不同建设标准的小区合理配置智能化系统。

体育场馆智能化系统设计，还包括：比赛大屏显示系统、体育场地扩声系统、场地照明及控制系统、计时记分及成绩处理系统、现场影像采集及回放系统、售验票系统、电视转播和现场评论系统、比赛中央控制系统、赛事综合管理系统、场馆综合管理服务系统等。智能化系统设计要给运动员、观众、贵宾、媒体和场馆的管理等各方创造良好的环境、带来足够的便利；要充分做好局域网和广域网环境设计，确保足够的带宽，快速准确地处理、传输现场比赛音、视频等各种信号；设计时在场馆内应预备好专用的路由，并在各主要计时记分采集点处进设计数据采集专用信息盒，方便不同的比赛对计时计分系统不同的接播要求；预留好电视转播条件，可将各摄像机位的摄像信号、现场评论员席的电视信号送至停于室外的电视转播车，进行编辑后，送到转播机房的光缆接口传输至电视台。

5 智能建筑施工管理

建筑智能化系统工程项目工程实施是费时最长，投入人力和其他资源最多的阶段，是项目成果的主要形成阶段，直接影响工程的成败。按照现代项目管理体系的要求，建筑智能化系统工程项目施工管理的主要工作是实施前一阶段制定的项目计划，维持项目基线（如范围、成本、质量等）不变，保证工程项目各个进度里程碑按照预定的时间完成。项目管理者应对建筑智能化系统的总体技术要求、各个子系统的互联、系统中的各种接口与工作界面划分有全面的了解，把握准施工管理的各个方面，如施工工序、施工界面、施工规范、施工协调等；做好项目工作结果的收集整理，及时召开各种项目例会，评价项目状态；对项目的各种变更进行确认、审核及控制；发布绩效报告。同时，合同管理也是这个阶段的重要工作，包括对子系统分包商的采购进行审核确认，协助建设方控制付款进度等。

具体而言，在工程实施管理中须充分继承上一阶段的工作成果，根据实际情况制定项目施工管理计划，实施进度控制、质量控制、安全控制和成本控制；协调各子系统及分包单位的工作，保证施工工艺、质量和工期；执行验收标准规范，完成系统的检测验收工作，提交相应文档。

5.1 施工管理工作目标

（1）控制项目进度，确保项目如期完工；

（2）控制工程质量、确保一流的施工质量；

（3）控制合同管理，控制项目预算，以合理的成本完成项目实施；

（4）实施项目风险管理控制，使其对项目的影响降到最低；

（5）做好项目沟通，提高项目相关人（和受益人）的满意度；

（6）确保建筑智能化系统工程项目顺利竣工验收；

（7）整理、建立完整的项目档案资料并进行合同收尾。

5.2 施工阶段管理要点

工程实施阶段的主要管理要点包括：

（1）确定项目管理目标和原则，制定项目管理方案；

（2）做好开工准备情况，做好质量控制体系和各项技术措施；

（3）制定智能化系统工程总施工进度计划表；

（4）进行施工现场管理，工期管理、质量管理、成本管理、变更和风险管理、合同管理、安全管理和隐患管理、文档管理、劳动力管理、专业管理与施工技术管理等全方位管理工作，并提交工作报告；

（5）做好建筑智能化系统工程子系统分包商在全过程按合同进行管理、协调、监督和指导；

（6）做好建筑智能化系统工程设备验收，并提交验收报告；

（7）做好建筑智能化系统工程验收资料、系统竣工资料；

（8）做好单体调试、单系统调试、系统联动调试、子系统联动调试；

（9）提交单体验收、单系统验收、子系统联动验收及系统集成验收资料。

5.3　施工管理内容

5.3.1　进度管理

根据招标文件及合同要求制定了基准进度计划。在实际施工开始后，应根据工程的实际情况对进度计划进行细化，但是其中设定的里程碑完成时间是确定的。

以一周作为一个报告期，每周应提交一份项目周报告，内容应反映本周完成了哪些工作内容，重要的里程碑是否按时或者延期，工地现场问题及解决情况。

进度计划制定和进度计划控制中，要求系统工程承包商也统一使用项目管理软件。项目管理软件能够跟踪和比较计划日期和实际日期，预测（实际的或潜在的）进度变更的后果，是进度计划控制的有力工具。拍摄进度照片也是重要的工具之一。

5.3.2　工程质量管理

对工程质量要求，须满足业主的使用要求，现行的国家相关设计、施工和验收规范等，应有明确而详细的陈述。在施工阶段质量管理控制的工作内容应包括：

（1）制定工程施工质量计划，需要满足的质量标准、规范和业主要求的完整性和有效性。呈交与合同范围有关的资料包括所有材料、装置和设备的完整资料供审核。

（2）确保工程质量保证体系运行可靠，每个影响工程质量的环节均须得到控制。须有合格的质量员对管路施工质量进行检查，有质量记录等。对管理人员、项目经理、专业工程师等确保到岗率。

（3）对建筑智能化系统工程子系统分包商的施工过程进行定期和不定期的巡检，拍摄质量问题照片，整理记录不合格的情况，发出整改联系单，要求返工整改。并监督确认整改直到产品或施工工艺合格为止。

可以通过工程样板安装，预先发现今后出现的质量问题，从而获得工程质量的提高。

对建筑智能化系统实现功能的变更，应提交监理、业主批准。不能任意提高或降低质量要求。

对技术方面的质量控制应做到如下要求：

设计图纸：设计必须有正式签署和会审、说明齐全。总平面图、施工图、平面位置、标高等几何尺寸必须一致，管线之间必须合理、设备选型必须以高质量为标准。

技术方案：技术指标、通信接口、技术资料等符合技术要求，确保相关设备能按设计要求正常工作。

隐蔽工程：埋入结构中的接地线，其连续性、用料规格、数量、焊接质量必须与设计要求规范相符。埋入结构中的工艺管线，必须在数量、规格、材质、走向、接头方面与各分项项目管线要求相符。管线预埋在土建结构中的预留孔、过墙套管的标高、位置、规格必须与相应项目要求符合。电缆必须根据实际长度、规格要求敷设，管路中不得有对接、转接。出入口必须根据相应项目要求做好标识等。

材料：严格按设计中对材料型号、规格、性能、参数的要求订购、保管，供应的材料必须有质保证明或产品合格证，不合格或达不到设计要求的材料禁止使用。

工程质量管理使用的工具和技术有抽样检查、统计分析、检查表、控制图、拍摄照片等。

5.3.3　工程成本控制

工程实施过程中的成本控制的重点是防止因工程质量要求或建筑智能化系统功能变更而引起的成本变化。该过程必须同其他控制过程（范围变更、进度计划、工程质量等）紧密地结合起来。

5.3.4　工程沟通管理

项目沟通管理的内容包括确保及时、正确地产生、收集、发布、储存和最终处理项目信息。项目实施阶段的沟通管理的工作主要是收集执行项目计划后的工作结果，然后按照一定的格式和内容要求整理成为绩效报告。可分为以下几类：

（1）原始资料：建筑规划图纸、安全及知识产权要求等；智能化系统招投标书、招标图纸、用户需求、工程指令、变更及签证确认单等；项目投资、项目预算、相关票据等。

（2）施工过程的技术档案：施工依据资料、施工指导性文件、施工过程中形成的文件、竣工文件、优质工程验评审批资料、工程保修回访资料等六个方面。包括开工申请报告及批准文件、工程承包合同、施工组织设计和施工方案、施工准备工作计划、施工作业计划、技术交底记录、洽商记录（图纸会审记要、设计变更通知单、技术核定通知单、材料代用通知单、过程变更洽商单等）、施工试验记录（设备试车记录、放缆接线记录、现场校线记录、设备试运行记录）、隐蔽过程检查验收记录、单位工程的质量评定资料、施工总结等。

（3）工程竣工文件资料：工程竣工技术经济资料（竣工图、竣工项目一览表等）、竣工验收资料（竣工验收证明、竣工报告、竣工验收报告、竣工验收会议文件等）、工程保修和回访资料、工程竣工验收文件等。

5.3.5　工程风险管理

工程风险管理的重点是对项目风险进行监督和控制。建筑智能化系统工程建设的典型风险有：前期计划不充分，工期估计有误；项目里程碑设置不合理；用户的特定使用要求未被识别；人力资源管理不善；沟通渠道不通畅；变更控制未做好；合同条款不明确等。

工程风险管理是应由全体项目团队成员执行的不间断的活动，及时发现风险的征兆，一旦风险发生，则积极采用风险控制措施，规避风险造成的影响，或者减缓。风险管理用到的工具和技术有：检查表、流程图、访谈法、专家判断等。

5.3.6　工程合同管理

工程合同管理是对工程项目施工过程中所发生的或涉及的一切经济、技术合同的签订、履行、索赔、到合同期满结算直至归档的全过程所进行的管理工作。为确保全面、实际地履行合同条款，要求：

（1）研究熟悉图纸有关文件资料，编制施工组织计划、进度计划，做好施工准备、按时进入现场，按期开工。

（2）按设计图纸，技术规范和规程组织施工，做好施工记录，制定各种有效措施和各类方法，确保施工质量达到合同要求。

（3）按期竣工、试运行，通过质量检验和验收。

（4）按合同规定，做好责任期内的维修、保修和质量回访工作。

（5）指派专人管理工程合同。

5.3.7 工程安全管理

保证安全生产是工程建设的首要大事，工程安全管理作为工程质量管理的一个重要部分，在项目管理过程中应予以特别关注。工程安全管理控制的工作内容：

（1）确保安全生产制度及安全生产保证措施的完整和有效性，包括：安全教育制度；工地现场临时用电制度；各类设备的正确操作程序；对各项系统操作时可能发生的危险事故所应作的预防、应变和保护措施说明；电气事故的防护措施；机械事故的防护措施；火灾和爆炸事故的防护措施；化学事故的防护措施；在使用或处理燃料和化学物时出现的事故的防护措施；急救及意外报告等等。

（2）确保安全保证体系运行可靠，每个影响安全的环节均要得到控制。

（3）临时安全设施和永久性的安全设施都须提供足够的安全保护。

5.3.8 建筑智能化系统工程的调试与验收

在此阶段中，项目管理内容：

1）各系统调试的组织：主要设备、各分系统、系统的调试是技术性较强的工作，也是新技术、高技术含量具体实施的过程。因而应予以足够的重视，做好有序的组织。

2）各项调试方案的制定、实施。

3）调试计划的编制：编制各子系统的调试大纲，使其协调、一致、合理，足以保证顺利实施、按期竣工。而对于一些属于特殊行业管理的智能分系统，应按照相关行业管理特殊要求进行。

4）调试中的各项试验、检验及测试、调试记录、结果，应予以完整整理、记录、保存；提交单体调试、单系统调试、系统联动调试、子系统联动调试报告。

5.3.9 与相关单位的协调和配合

施工界面的划分是建筑智能化系统工程施工重要的一个环节，它避免了建筑智能化系统工程内各工种单位之间的协调、配合的复杂性，对提高各工程单位的工作效率，分清各自职责起到重要作用，要求做好与各单位的配合。

（1）与业主的配合

业主应及时、准确的提供各相关专业的详细图纸。

承包商应按业主的要求对整个建筑智能化系统工程子系统工程进行管理，并负责在规定的时间内将建筑智能化系统工程按业主规定的设计标准交付业主使用。

承包商应及时向业主汇报工程进行中出现的各项问题及处理过程，使业主对工程进展情况了如指掌。

承包商接受业主委托的监理的监督。

业主应为总包单位的施工提供必要的条件，并协调承包商与其他单位的相互关系，使整个工程协调有序的进行。

业主应有指派专门的工程联络人或监理与承包商联络。

业主应提供智能化系统所需的各种设计文件及技术资料。

业主应提供必要的文件、证明，以方便智能化承包商向有关部门办理各种手续。

（2）与土建总包的配合

土建总包单位为建筑智能化系统工程承包商进场所需的场地、水、电等工作，生活条件提供方便。

建筑智能化系统工程承包商应遵守土建总包单位制订的对工地管理的各项规章制度，做到文明施工、安全施工。

根据建筑智能化系统工程承包商要求，预埋网络、电信、广电等进入大楼的通道。

为配合有关建筑智能化系统工程的安装，在建筑方面预留部分设施，墙体及楼板孔洞预留及设备基础等。

在实际施工前，与配合土建预理工程单位进行已安装工程作技术交底。并且以书面形式确认。如有需要，将提供进一步预留设施的资料。

在开始工作后，即以书面形式确认及提供有关会对建筑结构的外型和强度有影响的有关资料，包括设备进出的吊装孔洞要求。如以后发现仍需再作更改时，将立刻提交详细的资料供设计方审核。

建筑智能化系统工程的电线敷设开槽由建筑智能化系统工程承包商完成，补槽由土建或装潢完成。在土建施工期间，负责确保预留孔洞等按要求正确地设置。

将工程范围内各系统所需在建筑结构内预埋的套管，防水套管及预埋件汇总提供给建筑承包方作预埋。并且负责确保所有套管、防水套管及预埋件均按要求正确地设置。

建筑智能化系统工程承包商尽早提供所有有关的土建要求和其详细资料供设计方审批，并与建筑承包方协调以进行所需的土建工作。确保有关的土建施工达到本系统的设计要求。

建筑智能化系统工程承包商及时与建筑承包方协调，使有关的安装能配合工程进度。

（3）与设计院的配合

建筑智能化系统工程承包商向设计院提供必要的产品介绍、设计手册、图纸、注意事项等技术资料，以便设计院做出合理的设计。

对于建筑设备监控系统的被控对象，由承包方提出详细要求提交设计院和相应专业配合。

建筑智能化系统工程承包商提交设计院机房内电源及其他要求。

设计单位应协调建筑智能化系统工程设计与其他各专业的关系，以使整个建筑设计合理、实用。

（4）与机电总包的配合

建筑智能化系统工程承包商负责将线缆铺设至强电设备盘，盘内接线由机电总包负责。

机电总包应将建筑智能化系统工程所需的市电电源线铺设到位。

机电总包负责所有与建筑智能化系统工程有关的机电设备应按时、按质、按量开通。

建筑智能化系统工程总包如有需要在机电设备、管道中施工时，机电总包应予配合。

建筑智能化系统工程承包商应按时向机电总包提供各系统有关要求。

（5）与建筑内装饰承包方的配合

建筑智能化系统工程前端设备需协调装修专业，以确保内装饰设计的良好效果及智能系统功能的使用。

内饰承包单位负责后期建筑智能化系统工程必要的管线敷设开槽的修补工作。

（6）与行业管理部门（如电信局、广电局、无委会、公安局技防办、安全局）的配合

业主配合建筑智能化系统工程承包商向相应的行业管理部门办理验收、检查、签合格使用证等。

（7）建筑智能化系统工程相关子系统技术协调

建筑智能化系统工程子系统多，各个子系统之间又有一定联系。建筑智能化系统工程承包商在建设单位和监理单位领导下，负责建筑智能化系统工程各子系统项目的实施，对各子系统交叉的技术衔接细节部分进行统一协商解决，既保证各子系统的独立，又保障建筑智能化系统工程的整体质量。

6 建筑智能化系统工程监理

建筑智能化系统工程监理工作的主要内容包括：协助建设单位对其投资的建筑智能化系统工程的可行性研究，优选设计方案、设计单位和施工单位，审查设计文件，控制工程质量、造价和工期，监督、管理建设工程合同的履行，以及协调建设单位与工程建设有关各方的工作关系等。

现阶段建筑智能化系统工程监理的主要服务范围为：建筑智能化系统工程项目工程的设计阶段（含设计调研准备）、施工/验收阶段，并逐步扩展至工程招标和工程维护阶段。

6.1 建筑智能化系统工程监理机构及人员职责

6.1.1 建筑智能化系统工程监理机构

进驻工程现场的建筑智能化系统工程监理单位必须成立项目监理机构，其规模应根据委托监理合同规定的服务内容、服务期限、子系统类别、规模、技术复杂程度、工程环境等因素而定。

机构人员应包括建筑智能化系统工程总监理工程师、子系统专业监理工程师及监理员。由于智能化系统建设的科技含量高、难度大、技术新，要求建筑智能化系统工程总监理工程师必须具备三年以上建筑智能化系统工程项目的监理工作经验；子系统专业监理工程师必须具备两年以上建筑智能化系统工程项目的监理工作经验。建筑智能化系统工程项目监理机构人员数量必须满足工程项目监理工作的实际需要。

6.1.2 工程监理人员职责

一名建筑智能化系统工程总监理工程师要求只宜担任一项委托监理合同的建筑智能化系统工程项目的总监理工程师工作，当需要同时担任多项委托监理合同的建筑智能化系统工程项目总监理工程师工作时，须经建设单位同意，且最多不得超过三项。

（1）建筑智能化系统工程总监理工程师职责

1）确定项目监理机构人员的分工和岗位职责；

2）主持编写建筑智能化系统工程项目监理规划，审批建筑智能化系统工程项目监理实施细则，并负责管理建筑智能化系统工程项目监理机构的日常工作；

3）负责协调与项目总监理单位的配合工作；

4）审查分包单位的资质，并提出审查意见；

5）检查和监督监理人员的工作，根据建筑智能化系统工程项目的进展情况可进行人员调配，对不称职的人员应调换其工作；

6）主持监理工作会议，签发建筑智能化系统工程项目监理机构的文件和指令；

7）审定建筑智能化系统工程承包单位提交的开工报告、施工组织设计、技术方案、进度计划；

8）审核签署承包单位的申请、支付证书和竣工结算；

9）审查和处理工程变更；

10）主持或参与建筑智能化系统工程项目质量事故的调查；

11）调节建设单位与建筑智能化系统工程承包单位的合同争议、处理索赔、审批工程延期；

12）组织编写并签发建筑智能化系统工程监理月报、建筑智能化系统工程监理工作阶段报告、专题报告和建筑智能化系统工程项目监理工作总结；

13）审核签认分部工程和单位工程的质量检验评定资料，审查建筑智能化系统工程承包单位的竣工申请，组织监理人员对待验收的建筑智能化系统工程项目进行质量检查，参与建筑智能化系统工程项目的竣工验收；

14）主持整理建筑智能化系统工程项目的监理资料。

（2）建筑智能化系统工程子系统专业监理工程师职责

1）负责编制建筑智能化系统工程项目的监理实施细则；

2）负责建筑智能化系统工程工程监理工作的具体实施；

3）组织、指导、检查和监督本系统监理员的工作，当人员需要调整时，向建筑智能化系统工程总监理工程师提出建议；

4）审查建筑智能化系统工程承包单位提交的涉及本系统的计划、方案、申请、变更，并向建筑智能化系统工程总监理工程师提出报告；

5）负责本系统分项工程验收及隐蔽工程验收；

6）定期向建筑智能化系统工程总监理工程师提交本系统监理工作实施情况报告，对重大问题及时向总监理工程师汇报和指示；

7）根据本系统监理工作实施情况做好监理日记；

8）负责本系统监理资料的收集、汇总及整理，参与编写监理月报；

9）核查进场材料、设备构配件的原始凭证、检测报告等质量证明文件及其质量情况，根据实际情况认为有必要时对进场材料、设备构配件进行平行检验，合格时予以签认；

10）负责本系统的工程计量工作，审核工程计量的数据和原始凭证。

（3）监理员职责

1）在建筑智能化系统工程子系统监理工程师指导下开展现场监理工作；

2）检查建筑智能化系统工程承包单位投入工程项目的人力、材料、主要设备及其使用、运行状况，并做好检查记录；

3）复核或从施工现场直接获取工程计量的有关数据并签署原始凭证；

4）按设计图纸及有关标准，对建筑智能化系统工程承包单位的工艺过程或施工工序进行检查和记录，对加工制作及工序施工质量检查结果进行记录；

5）担任旁站工作，发现问题及时指出并向子系统监理工程师报告；

6）做好监理日记和有关的监理记录。

6.2　工程设计阶段监理

由于建筑智能化系统技术比较新，其在建筑中所承担作用日益加强，且其在建筑项目的投资比例也越来越大，所以对建筑智能化系统工程的建设来说，其设计阶段工作的好坏将决定着整个工程项目质量的好坏，直接影响到整个工程的投资目标、进度目标和质量目标的实现，是建筑智能化系统工程建设优劣的关键。

在工程设计阶段建筑智能化系统工程监理工作须根据监理合同，在监理大纲的基础上，结合工程项目建筑智能化系统工程建设的具体情况，并广泛收集工程项目的信息及符合当前建筑智能化系统工程建设成熟先进的技术资料，制定指导、组织和开展设计阶段监理工作的纲领性文件。

在工程设计阶段监理工作主要包括：

（1）对设计大纲的审核

重点监理审查的内容是：设计依据、基础数据来源、建筑智能化系统工程建设设计规模及内容、设计进度和阶段计划编制、质量目标控制及投资控制等。

（2）对设计合同的管理

包括建立合同卡，设计合同履行记录，设计合同执行备忘录，设计合同总结报告等。

（3）对设计方案的评审

监理技术人员必须对设计单位对口子系统专业的设计方案进行评审，建筑智能化系统工程总监汇总评审报告交设计单位及业主。

监理人员应重点监理审查的内容包括：建筑智能化系统工程的结构设计先进性、科学性、安全性、可靠性及系统集成的可行性，概预算的合理性，业主投资的可能性等。

（4）对设计投资概预算的审核

监理人员应对设计单位所做的概预算进行详细的审核，并提出评审报告。

监理人员应重点监理审查的内容包括：设计依据文件的有效性和合理性、价格选用的合理性、取费的正确性和计算的准确性等。

6.3　工程施工阶段监理

建筑智能化系统工程自身的特点与个性，决定其监理任务是非常重要及复杂的。由于影响建筑智能化系统工程项目工程进度的因素较多，如资金因素、设计因素、产品技术因素、交叉专业工种因素、施工现场环境因素等，都会干扰工程施工工期，给监理工作将带来一定的不确定性和难度。所以在前期必须严格要求编制好施工进度计划，并组织实施，严格做好进度控制、质量控制、施工安全的检查监督。

6.3.1　对进度控制的监理

为做好建筑智能化系统工程项目的施工进度控制，要求建筑智能化系统工程监理必须在整个项目的施工阶段做好如下工作：

（1）事前控制

必须对建筑智能化系统工程项目工程施工单位确定总工程进度目标、总进度目标的分解和总进度目标的风险分析等，并进行严格的审查监理。

1）总进度目标的制定，必须符合招标文件规定的工期目标，如须调整总目标，必须提出合理的总进度目标，报经业主同意。

2）要求施工单位对总进度目标进行分解，分解应按建筑智能化系统工程子系统的实际施工要素进行，避免设备过早进场造成损坏或某些子系统设备进货周期不够等。

3）对于设备更新比较快的设备，监理工程师应提前作出客观分析并提出对策和建议报送业主，以免影响设备的采购和工期。

（2）事中控制

1）施工进度计划审批，包括施工的总工期、完成建筑智能化系统工程各子系统工程的工期及各子系统施工技术方案和施工方法。

2）监控施工进度计划的执行。建筑智能化系统工程监理必须对建筑智能化系统工程项目的实际完成情况与经过审批的进度计划表进行比较，及时发现偏差，采取相应的纠正措施，以保证进度计划的完成。在管理过程中，应建立进度信息反馈系统，实行周、旬或月记录和报告制度，以作为检查、监控建筑智能化系统工程项目工程进度和进行决策的依据。

3）施工进度计划的调整。经过检查与监控，对实际进度与计划进度存在的偏差，应及时调整施工计划、纠正偏差。

4）施工进度计划报告。建筑智能化系统工程监理对施工单位按规定上报的施工进度计划统计表，应及时综合、归纳和总结，并如实上报给业主有关施工进度计划的执行情况。

5）施工进度控制的措施。建筑智能化系统工程监理对实际进度明显落后于进度计划时，必须及时组织召开协调会，寻求解决办法，可以通过采用组织协调措施、技术措施或经济措施来调整和保证进度计划的实施。

（3）事后控制

当建筑智能化系统工程项目工程进展到90%以上时，建筑智能化系统工程监理应及时组织进行该项目的竣工预验收工作及验收工作。

6.3.2 对质量控制的监理

建筑智能化系统工程监理对工程项目的质量控制也可分为事前控制、事中控制和事后控制三种，重点应放在事前的质量控制。

建筑智能化系统工程项目工程施工阶段质量控制的途径为：

（1）审核相关技术文件、报告、报表等；

（2）现场监督与检查；

（3）出现施工质量问题，要及时向施工单位发出通知、指令等。

控制质量的措施有组织措施、技术措施、经济措施和合同措施等。

控制质量的方法有主动控制、被动控制、主动与被动相结合的控制。

6.3.3 对施工安全的监理

建筑智能化系统工程项目工程施工中安全监理的工作有：

（1）审查施工单位的安全资质及项目配备的安全人员证书；

（2）建筑智能化系统工程监理在审定施工组织设计时，必须审查其中的安全技术措施是否符合当前安全生产法规和标准，针对本项目是否有针对性和可行性；

（3）督促和协调施工单位进行安全目标管理，建立符合本项目特点的安全生产责任制，制定并落实作业安全标准，建立安全目标的监督、检查制度；

（4）督促检查施工单位对安全制度的执行；

（5）参与定期和不定期的安全综合大检查。

6.4 建筑智能化系统工程监理的协调管理职能

建筑智能化系统工程是一个新型的系统化的工程，它包含 BAS、SAS、CAS、

OAS、FAS等子系统的建设，涉及的领域有自动化、计算机、现代化的网络通信等学科知识，它在建筑中是附属于建筑、结构、电气等之后的专业，也是以上专业的神经中枢、大脑。具有投资较大、技术流程复杂、多工种配合等特点。其建筑智能化系统工程监理在整个建设中起着非常重要的联络与协调作用。

建筑智能化系统工程监理的组织协调贯穿项目建设的全过程，建筑智能化系统工程建设是一个发展的、动态的过程，组织协调工作随项目工程建设进入不同的阶段，具有不同的工作内容与特点。针对投资、进度及质量三大目标，建筑智能化系统工程监理协调在这三大目标控制中，在不同的建设阶段，应做好不同的管理协调工作。

（1）投资控制中的组织协调工作

制定投资目标的协调工作计划，投资控制具体措施对质量进度目标的影响与平衡关系的协调，投资总目标与分阶段、分系统投资目标控制的协调，投资控制的经济措施与技术、组织、合同措施的协调等。

（2）进度控制中的组织协调工作

总体进度计划的协调工作，总体计划与各单位、各阶段实施计划的协调工作，计划协调过程中的协调，施工现场人力、设备通信等方面的协调工作，工期延误、工程延误等方面的协调工作。

（3）工程质量控制中的组织协调工作

质量目标与质量控制标准的协调工作，建立与完善质量保证体系的协调工作，落实质量控制程序的协调工作，落实质量责任、提高工程质量的协调工作，处理质量缺陷、事故的协调工作，工程变更中有关确保质量的协调工作。

（4）工程合同管理中的组织协调工作

招投标监理中的协调工作，签订工程项目施工合同时的协调工作，合同执行过程中日常协调工作，处理索赔事项的协调工作。

（5）信息管理中的组织协调工作

在建筑智能化系统工程项目工程信息采集、归纳、处理与发布中与有关部门的协调工作，信息交换的协调工作，建立信息渠道的协调工作。

7 智能建筑工程的检测与验收

7.1 智能建筑工程质量状况

我国智能建筑发展迅速，智能建筑工程已成为建筑工程的重要组成部分，它对整个建筑工程内容的延伸和扩展，对建筑工程先进技术水平的衡量以及工程的投资取向，已起到重要的影响作用。将智能建筑工程纳入建筑工程统一标准，其指导性明确，意义深远。将智能工程当作建筑工程来做，引入建筑工程管理的理念，规范管理，加强工程质量控制及法制化管理，对智能建筑工程的发展会起到重要的作用，对整个建筑工程趋向完善性和完美性有着很好的促进作用。

目前，我国智能建筑还处于发展阶段，智能建筑工程的投资已占建筑工程总投资的 5% ~ 10%，其工程建设水平和质量还不能令人满意。中国建筑业协会智能建筑专业委员会于 2006 年北京市的智能建筑的一次调查，调查了 106 个单位不同的建筑，反映出楼宇自控系统的问题比较多。其中，表示满意的只占 25%；完全不正常或废弃不用的占此次调查范围的 30%。2003 年某些地区的一次调查表明，楼宇自控系统运行正常，能够起到重要作用的仅占 20%；部分项目运行不正常，尚可使用的系统占 45%；有 35% 的系统不能开通使用或运行一段时间后发生故障，因无人修复而废弃。这说明，相当大的一部分建筑智能化系统工程存在不能实现预期的目标，造成大量的人力、物力浪费现象。

对于智能建筑工程中出现的以上问题，除了技术应用的水平不高，地区发展不平衡、技术产品尚不适应市场需求等因素外，工程建设过程中的施工管理和工程质量控制存在缺陷、缺乏有效的质量检测及评估的手段也是其中主要的原因之一。

7.2 智能建筑工程验收评估标准与实施原则

早期智能建筑工程缺乏检测验收规范，无法通过权威的或取得认证的第三方检测机构进行检测，因此，对于工程项目验收而言，无法提供完整严谨的检测报告及相关记录作为评估评价依据，智能化工程的验收过程，大多数情况并入了建筑的整体综合验收，且流于形式。自 2003 年 10 月 1 日起，国家标准《智能建筑工程质量验收规范》GB50339—2003 开始实施，使智能建筑工程验收评估有了统一遵循的标准规范。

按照"验评分离、强化验收、完善手段、过程控制"的指导思想，注重了可实施性和可操作性，对设备、材料及安装质量主要在过程中进行控制，通过对工程实施过程中质量的验收来控制工程质量，明确了整个工程实施过程质量控制的要点和质量检验评定标准，使得规范不只是工程的最终质量验收的标准，而是贯穿于整个工程全过程，从而形成智能建筑工程新的技术标准体系。

7.3   智能建筑工程检测机构职责

根据建筑智能化系统工程的技术发展，该部分是跨行业、跨专业、多学科交叉的、技术要求复杂的系统工程，对于建设管理者负责该部分的工程师提出非常高的要求，当然该工程师主要是技术管理工作，而对系统整体检测却还需要专业的检测机构对其有客观真实的评价。正如项目管理，有事前计划、事中检查、事后检测判定，没有检测合格判定就如该工程没有结束。因此，各工程建设单位必须执行由国家认可委认可的具有专业检测资格的单位对工程项目进行检测，其检测单位的职责是依照国家相关标准规范进行工程检测，提出检测结论，为建筑智能化系统工程最终的验收评估提供依据。

最终工程检测的方式：采取检查工程实施和质量控制记录及对自检结果进行抽查相结合；注重对系统功能的稳定性、可靠性要求进行严格控制；并在检测方法、抽检数量、合格要求上加以细化，以达到既把握了重点，又做到对工程整体质量验收标准不放松。

7.4   工程检测与评估的作用

建筑智能化系统工程是构成建筑工程的基本单元，其专业要求和工程质量直接关系到整个建筑物的管理、使用及维护效果。通过执行相关标准规范对工程进行检测评估，是检验工程技术水平与质量的最后一个重要环节，是工程目标的具体体现，不仅能够有效维护发包方、施工方以及使用者等相关方的经济利益，还能够对智能建筑行业的健康规范发展起到重要的作用。

建筑智能化系统工程的检测与评估对于工程竣工后的交接（建设方向投资方；投资方向物业管理方；分包方向发包方等）而言，以第三方检测评估结论为依据，在分清责任、避免今后系统出现问题时给建设方带来不必要的麻烦，将具有很大的作用。

8 智能建筑的维护与管理

8.1 智能建筑运行现状

目前，智能建筑经过十多年的发展，已经建成的具有一定建筑规模和建筑智能化水平的智能建筑大约 5000 多栋，并还有一批数量较大的智能小区，需要有健全的维护管理机制才有可能充分发挥作用，实现经济、社会和环境效益。在工程项目建设之初人们都本着良好愿望，运用建筑智能化技术将有限的资源和有限的建筑空间进行综合利用开发，为人们提供舒适、安全、便捷的智能环境，并实现降低能耗、降低建筑运行费用的目的；但是由于种种原因，其中的主要原因是智能建筑的运行维护管理环节跟不上需求，致使一大批智能建筑未能实现预想的目标。同时也影响到智能建筑的发展，为此，加强建筑智能化系统的运行维护势在必行。

8.2 智能建筑运行维护社会化的必然性

智能建筑由于存在以下原因，必然结果是实现智能建筑运行维护的社会化。

8.2.1 智能建筑系统复杂

智能建筑是现代计算机技术、网络通信技术、自动化技术等信息技术与现代建筑技术的完美结合。在建筑项目中形成的智能建筑技术主要包括了：计算机网络系统、办公自动化系统、现代通信系统、音响扩播系统、视频会议系统、设备管理系统、安防系统等近 20 个子系统。随着信息技术的发展，其子系统的数量还在不断增加。由于建筑智能化系统本身的复杂性，导致故障率增加，系统的运行维护势在必行，但是由于业主技术力量薄弱，给建筑智能化系统的运行维护带来了极大的困难。

8.2.2 建筑智能化系统专业技术复杂

由于建筑智能化系统工程自身的复杂性，导致所含专业技术门类繁多。主要的专业技术有计算机硬件、计算机软件，及其信息采集、信息压缩、信息传输、数据存储、数据转换等，以及自动控制、音响、视频、通信等等涉及十几个专业技术。为了保证建筑智能化系统的正常运行，必须要有一支包含该系统所有专业的技术队伍，才能完成系统的运行维护，但是业主不可能为此而建立庞大的专业技术齐全的运行维护队伍。因此，建筑智能化系统的专业技术复杂给业主的运行维护带来很多困难。

8.2.3 建筑智能化系统科技含量高、技术难度大

建筑智能化系统是现代信息技术与现代建筑的完美结合，其本身就属于高科技，具有较高的科技含量，这对建筑智能化系统的维护管理人员的专业技术水平要求较高，给业主聘用维护管理人员带来了困难，因此建筑智能化运行维护的社会化势在必行。

8.2.4 建筑智能系统提升的要求

建筑智能化的运行维护，不是传统意义上的维修，而是随着建筑智能化系统的应用和发展，存在着对智能化设备系统的操作和功能的升级，使其智能化充分发挥其增值，提升效能、降低能耗的作用。对建筑智能化的管理要求是第一时间处理问题、第一时间降低成本、第一时间营造服务。这些只有实行运行维护社会化才能实现。

也就是说，建筑智能化系统的运行维护及管理的发展趋势是社会化服务，即外包服务。

8.3 建筑智能系统社会化运行维护服务的需求分析

（1）现已建成的智能化建筑中，由于运行维护跟不上需求，使其智能系统功能未能充分发挥，这些系统亟待专业的运行维护企业为其服务。

（2）随着国家信息化的进一步推进，为现代建筑营造舒适、安全、便捷的智能环境，用信息化建设现代建筑项目，成为了必然。估计我国智能建筑与智能小区的建设将会以两位数的速度增长。这些即将建设的项目，也需要专业的运行维护队伍为其服务。

总之，建筑智能化系统运行维护具有巨大的市场潜力，为其社会化服务奠定了基础。

8.4 解决智能建筑的维护和管理的主要途径

8.4.1 应急措施

（1）加强业主运行维护队伍的技术培训，以达到正确操作和具备处理简单

故障的能力。其培训部门可以由智能建筑行业协会，有能力的设计、施工企业，设备厂商承担。这些举办单位可以单独举办，还可以联合举办。

（2）由有技术实力的施工企业和设备厂商定期承担维护检修工作。

由于这两方法具有临时性的含义，而且能力较弱，不能全面解决智能建筑中的运行维护问题。

8.4.2　建立专业队伍

从发展的角度看，为了满足规模巨大的智能建筑与智能小区的运行维护需求，建立一批有一定规模的专业运行维护队伍是一重大举措，对保证智能系统的正常运行十分重要。但是，目前的专业运行维护企业太少，尚未形成规模，而且专业维护技术水平需要进一步提升，同时也需要进行市场准入管理。因此，建议有关部门从政策上、资金上给予大力扶持，使这些企业迅速成长起来，形成一定规模的专业运行维护队伍，并对这些队伍进行有效管理，才能为保证建筑智能化系统的正常运行并达到其效能发挥应有的作用，从而推动智能建筑的进一步发展。

9 智能建筑新技术新产品的开发研究

9.1 自主知识产权技术开发研究

在智能建筑行业，目前国内还缺乏真正意义上的自主知识产权技术开发研究，高校、研究院所对这一行业的技术开发关注还不够，企业关注的是产品的开发，采用的是国外目前已公开的技术，为了推动行业的技术进步建议进行以下技术的研究：

（1）研究神经网络技术、专家系统和模糊逻辑控制技术，将其应用于智能建筑。如应用专家系统对设备进行监测、预维护和故障诊断分析；基于人工智能技术和计算机网络技术，可以进一步提高智能大厦的智能与智能管理水平。

（2）研究并应用网络通信技术，如近年在通信行业中新兴的蓝牙技术配合网络电器和计算机技术的发展，形成全新的通信和控制系统。网络中的宽带技术、因特网技术的发展为智能建筑提供崭新的平台。通过宽带接入网技术为住宅拥有和使用者提供一个安全的、可扩展的，同时能支持开放服务的平台。

（3）研究应用于楼宇自动化领域的现场总线。目前国际上有 40 种宣称为开放型的现场总线标准。这些协议根据国际标准化组织（ISO）的计算机网络开放式互联系统的 OSI 参考模型来制定，大多数现场总线只是用其中的一、二和七层协议，于是现场总线呈现杂乱纷呈的局面。在这些现场总线中不乏优异的现场总线，如 CAN、Modbus、Profibus、LonWorks、BACnet、DeviceNet 等等。其中 LonWorks、BACnet、CAN、EIB 等现场总线在楼宇自动化领域获得了较广泛的应用。在国内本行业有必要研究一种适合中国国情且遵循国际标准的现场总线。

（4）研究智能建筑向绿色建筑、环保建筑发展的相关技术。如：在生态建筑中采用智能化系统监控环境的空气、水、土的温湿度，自动通风、加湿、喷灌；监控管理三废（废水、废气、废渣）的处理。在太阳能建筑中可利用智能化系统监控供电、供暖、供热水系统的运行，如自动调节太阳能面板的角度；自动清洗太阳能面板上的灰尘；自动加水、加湿等。

（5）研究智能建筑技术向居民住宅、社区发展，智能住宅、数字社区应用的相关技术。在智能住宅方面，计算机网络和多媒体技术已进入住宅小区，使住宅控制与管理技术发生深刻变化。八十年代，住宅控制方式主要为电子型。九十年代初为程序型控制方式，九十年代末发展为网络型控制方式。在二十一世纪，住宅控制方式将演变为智能控制型。各种家电设备都"上网"，实现家电接口标准化、设备控制智能化、系统功能集成化。

9.2   值得重视的技术与产品研究

9.2.1   新一代智能小区信息通信平台

研究和开发基于 TCP/IP 网络架构的智能小区信息通信技术，构建不同城市多小区之间的信息通信平台及开发多小区共享的智能小区物业信息服务平台，以此奠定数字家庭及数字社区现代信息服务业发展的技术平台。

9.2.2   数字家庭技术规范研究

研究与制订数字家庭互联、互通及互换的音视频技术规范，网络信息通信及电源技术规范。

9.2.3   支持"三网合一"的数字家庭智能网关研究

研究互连、互通及互换的数字家庭智能网关产品技术框架体系，开发可互操作的数字家庭智能网关产品，促进数字家庭技术规范的应用，提升数字家庭智能网关产品的产业化规模。

（1）研究开发数字家庭智能网关通信技术。研究和开发可融合信息设备、网络家电、智能家居系统的数字家庭智能网关，支持"三网合一"，满足下一代通信技术 IPv6/3G，应用 Internet、固定电话、手机、PDA 等多种方式，实现数字家庭网络与智能小区及外部网络的互联互通技术，研究和开发集成家庭有线、无线及电力线载波的接口技术。

（2）研究开发数字家庭智能网关控制技术。研究和开发以智能网关为数字家庭信息终端的多功能场景式控制技术，包括开发家庭多媒体设备控制、安防报警控制、智能照明控制、家用电器节能控制、家庭影像及信息管理等多种场景式控制 GUI 交互技术，以及家庭个性化应用场景控制技术。

9.2.4   面向现代服务业的数字家庭技术研究

以数字家庭平台为技术支撑及现代服务业的应用节点，研究基于统一的资源与服务共享标准技术体系，开发现代服务业的数字媒体、电子商务、数字教育、数字医疗、数字社区、数字旅游、电子金融等向数字家庭的服务应用技术。

研究开发"海尔 e 家佳标准"和"中国闪联标准"的智能家居产品，实现

4C 融合（计算机 Computer、通信 Communication、消费类电子产品 Consumer Electrics、内容和服务 Content），为用户提供丰富多彩的服务业务。

9.2.5 综合安防多媒体管理平台应用技术开发

（1）综合安防管理平台应用技术研究。研究面向智能楼宇、面向金融安防、面向智能小区及数字社区、面向"平安城市"等的综合安防应用需求，基于综合安防管理平台针对上述不同应用场合，开发综合安防接警管理应用软件，提升综合安防的集成管理及智能化应用水平。

（2）开发综合安防视频集中存储及其管理技术。研究基于网络的闭路电视监控技术的集中存储音视频管理技术，开发视频图像的智能搜索及相关事件相邻图像接续技术，开发人像识别与集中存储视频图像应用识别技术，提升视频图像集中存储的管理与应用水平。

9.2.6 智能建筑集成技术研究

研究智能建筑综合管理集成的应用技术，研究综合管理集成的可持续技术路线，研究基于无缝集成、精细控制及建筑内外信息共享的系统集成节能应用技术。

9.2.7 研究开发智能建筑节能技术

开发可供商业化应用的智能建筑能源管理平台，基于智能建筑设备监控与数据分析，开发具备专家知识的智能建筑能源分析、能源预算、费用分析及能源优化控制与节能管理的技术平台。

（1）智能建筑节能仿真技术

研究智能建筑结构围护、节能材料、建筑设备自动化控制的能源消耗虚拟仿真系统建模及其在智能建筑设备监控设计中的应用技术，以指导新建、改建智能建筑的节能控制设计。

（2）智能建筑合同能源管理服务技术

以智能建筑 BMS 为技术应用平台，结合我国能源应用状况，探索适合中国智能建筑应用水平及国家能源政策的合同能源管理服务技术及其商业运作模式。

（3）数字家庭节能技术

1）基于智能网关及电力线载波的数字家庭能源监测技术。研究和开发基于智能网关和电力线载波的数字家庭设备寻址控制技术、基于 IP 及电力线载波的数字家庭布线技术、电力线载波数字家庭能源监测技术以及电力线载波与智能网关的通信接口技术。

2）基于智能网关及电力线载波的数字家庭能源管理技术。研究和开发基于智能网关的数字家庭能源分析、能源预算、费用分析、超限报警技术，研究具有普遍指导意义的家庭节能技术，开发场景式数字家庭设备节能控制管理技术。

9.2.8 研究开发智能建筑环境监测与评估技术

研究智能建筑运行环境的整体效能监测技术，研究智能建筑动态实时环境参数监测技术，并基于动态实时及建筑环境全方位监测参数，分析智能建筑能耗，控制策略及其设计优化，并在此基础上完善智能建筑的评估技术。

9.2.9 基于 Web 的智能化系统物业维护技术

研究基于 Web 的智能化系统（楼宇及小区）的物业维护应用需求，研究基于 Web 的智能化系统物业维护应用技术及其商业运作模式。

9.3 自主知识产权产品开发研究

十年前，中国智能化产品全部靠进口，目前国内智能化产品的市场已拥有自主知识产权的部分产品，但还存在部分贴牌、OEM 的产品，且质量性能很不稳定，建议本行业开发以下产品，取代进口，振兴民族工业。如系统集成、楼宇自控、智能照明、门禁对讲、防盗报警、广播背景音乐、网络通信、综合布线、电子会议、数字社区、数字家庭、数字电视、视频点播、一卡通、自动抄表及智能化节能环保产品等。

9.4 大力提倡创新性开发研究

从行业发展来看，应该大力提倡创新性开发研究，在政策上给予鼓励。在外因方面，国家科技部、国家发改委、各省市区科技主管部门，非常重视企业新技术开发及创新性研究工作，每年政府都有研发资金补助到企业，国家 863 项目，"十一五"攻关项目等可获得项目资金资助。从行业协会来说，也将在政策宣传方面、资金方面拿出具体措施，支持企业的自主创新。

从内因方面，企业应将自主创新看成企业发展的根和魂，要加大研发资金的投入，要重视技术人才的储备与管理，只有拥有了一流的人才，才能拥有一流的技术，开发一流的产品。

10　加强行业管理的建议

10.1　加强招投标管理

建设部在 1992 年 12 月颁布的《工程建设施工招标投标管理办法》规定，以及随后关于建设工程的《建设工程施工合同管理办法》（建〔1993〕78 号）和《建设工程施工招标文件范本》（建设部 1997 年第一版），给建筑市场的招投标确定了规范，但有关智能建筑的一些相关规范还没有确定，给实际操作运作带来了一定的困难。自 2000 年 1 月 1 日实施《中华人民共和国招标投标法》，以及 2001 年 7 月 5 日《评标委员会和评标办法暂行规定》（七部委令 12 号）颁布以来，招投标的制度化建设得到了长足发展，促进了工程招投标的市场化、规范化，公平竞争程度提高，招投标成本下降，通过招投标的项目质量和效益总体水平的上升，对于智能建筑领域，行业内企业初步实现优胜劣汰，在市场竞争中涌现了一大批实力强劲的企业。但是，目前市场上工程招投标过程中还存在不少问题，因此，在总结经验和教训的基础上，对智能建筑行业制定和完善一套行之有效的工程招投标制度的要求越来越迫切。

10.1.1　智能建筑招投标的程序

招标—投标—开标—评标—中标—授标—签订合同。

（1）招标：一般而言，招标方首先通过传媒等手段进行项目招投标报名公示，投标方先报名，然后领取资格预审文件，招标方组织专家对符合报名条件的招标方提供的资格预审文件进行审核评比，根据综合评分优先次序取前几名，并通知这几家厂家已通过资格预审，具备投标资格。

（2）投标：投标方接到招标通知后，购买招标文件，并据此进行制作，按照要求在规定的时间内完成，并递交给相关招标机构。一般而言，往往要求投标方首先支付投标保证金。

（3）开标：招标机构组织评标委员会评标，并在预先规定的时间和地点将投标人的投标文件正式启封揭晓。

（4）评标：招标机构组织评标人员根据招标文件的要求，对所有的标书进行严格审查和评比，一般进行综合评分，依据得分高低推荐出一至两家具备中标资格的厂家。

（5）中标：招标机构、决策机构根据推荐的中标厂家确定最终中标厂家，并通过招标机构正式通知中标厂家。接到中标通知书的投标厂家，如果愿意，就开始着手与招标方商讨签订合同等具体事宜，并递交中标履约保证金。同时招标机构向未中标的厂家进行未中标正式通知，并在规定的时间内退还其投标保证金。

（6）签订合同：双方一般根据招标文件签订合同，在此基础上，中标方再进行优化及深化设计，双方将达成最终的实施合同。

10.1.2 智能建筑行业招投标规范化建议

智能建筑在我国发展相当迅猛，已从最初的北京、上海、珠江三角洲等经济发达地区向内地甚至中西部地区扩展，涉及的行业也从最初的高档酒店、宾馆向政府、公用事业、文教体育、金融、电信等各个行业渗透。面对更加开放的市场，竞争更加激烈，为了适应新形势下的市场变化，政府提出了整顿市场经济秩序的改革措施，其中一个重点就是建筑市场，而工程建设的招投标是建筑市场的一项重要职能。我国当前智能建筑工程建设招投标，主要面向设计和施工两个方面进行招投标，在招投标过程中，需要制定和完善为市场各方普遍接受的规范和标准。

实行工程量清单报价和发展工程咨询、招标代理及其他工程咨询机构是我国建设市场改革的目标和方向。同时，应当由国家相关部门组织，行业管理部门实施，尽快制定出一套既符合中国国情，又符合国际惯例的、适用于智能建筑行业的招标管理办法和文件范本。一个成熟规范的智能建筑市场需要完善的法规、规范和成熟的投资者、承包商，而培育这样一个市场不仅是国家，也是行业内每家企业的责任。

（1）招标

招标的组织形式：招标可分为招标人自行招标和招标人委托招标代理机构招标。招标方最好通过市标办进行公开招投标工作，包括报名、资格预审等工作，资格预审文件及招标文件的制定建议由专业的机构根据招标方的具体需求进行针对性的制定，确保专业性和针对性。文件的制定及评审主要防止围标现象的发生。

（2）投标

投标必须严格按照文件规定的时间进行。

（3）开标、评标与授标

1）开标、评标必须客观、公正。开标时，招标方、招标机构及参与投标的各投标方进行公开登记，唱商务标并予以登记。

2）评标由招标人依法组建的评标委员会负责，评标委员会由招标人的代表（可以不参与）和有关技术、经济等方面的专家（一般从市标办数据库里随机抽取）组成，成员人数为 5 人以上单数，其中经济、技术等方面的专家不得少于成员总数的 2/3。一般封闭进行，在评标期间，评标人员不能接触与评标有关的相关人员，同时，建议手机关机处理。任何人不得干预或者暗示引导评标。

3）评标的内容必须包括：

①投标文件符合性评审。

②技术性评审，包括：方案的完整性；施工进度计划的可靠性；工程材料和机械设备的技术性能能否符合设计技术要求；施工质量的保证措施。

③商务性评审，包括：投标报价数据计算的正确性；报价构成的合理性。

4）评标阶段，应该由技术方面的专家根据招标文件要求、业主的需求、相关法律、法规和规范对所有的投标文件的技术部分进行详细、深入的比较、论证，尤其是大中型复杂项目。应做到评估标准确定、投标者答辩、评估意见发布、写出书面评定报告等步骤。

5）评标可以采用评议法、百分法（又称综合评分法）、合理低标价法等。

6）招标人根据评审委员会提出的书面评审报告，推荐候选中标厂家一至两家。

7）招标方招标领导小组根据推荐的厂家，进行最后选择，原则上优先采用推荐的第一家。

（4）签订合同

1）招标人应与中标人依据招标文件、投标文件、中标通知书等相关文件签订工程合同。

2）工程合同价分为以下三种：固定合同价、可调合同价、成本加酬金确定的合同价，而其中固定合同价又分为固定合同总价、固定合同单价两种；成本加酬金确定的合同价分为成本加固定百分比酬金、成本加固定金额、成本加奖罚、最高限额成本加固定最大酬金等四种形式。

3）结合智能建筑的特点，成本加奖罚确定的合同价或最高限额成本加固定最大酬金确定的合同价对于该行业内的招投标比较合适，有利于控制工程造价，鼓励承包商最大限度地降低成本。

4）各方必须在投资估算、设计概算、设计预算、施工预算的每一个环节都要精心筹划，准确地确定目标成本。

5）投资者、设计者、投标人有义务有责任保证上述目标成本的准确确定，国家有关部门也应该尽快完善各种配套的相关法律、法规、规范。

10.2 加强市场化管理

上世纪九十年代以来，一些大中城市开始兴建智能型建筑。全国智能建筑市场的快速成长，引起了业界人士的高度注目，地产投资商、设计公司、系统集成商及设备制造商纷至沓来。智能建筑成了当今中国建设界的一个热点，从其具有的价值和巨大的市场前景来看，充分表现了它在经济、文化、科技领域中的重要作用。

然而，正像一切新生事物刚进入市场所出现的现象一样，智能建筑市场也存在着鱼目混珠、泥沙俱下的现象，有不少企业是仓促上马，在过程中缺乏后劲，而有关的行业规范和标准相应滞后，企业缺少自律约束，因而造成市场管理混乱。

现在，在积累了多年的教训和经验的基础上，应该解决的是如何规范智能建筑建设管理市场化的运作方式并使其健康发展。

10.2.1 加强对智能建筑市场管理势在必行

国内已建与在建的楼宇中，带有"智能建筑"色彩的约有数千幢。但是由于智能建筑建设标准与规范不齐全，管理制度尚未完全建立，因而在建设过程中出现了不少问题。一些工程项目的智能化系统因种种原因无法竣工，智能化系统不能正常工作，名存实亡、投资浪费，有损行业身誉。

通过对已建成与在建的智能建筑项目的调查与分析，发现目前智能建筑市场中主要存在三个问题。

首先，许多建设单位对智能建筑的期望过高，提出大大超过建筑物功能与规模实际的智能化要求；其次施工、验收的规范、标准不全，不少工程的智能化设备是在无测试、无规范、无标准的情况下验收的，造成一些工程在"竣工"后智能化设备不能正常工作，便是十分自然的事情；第三，系统集成商的技术水平不一且职业道德良莠不齐，有的系统集成商在签约时信誓旦旦，一旦拿到工程款后就判若两人。

这其中主要原因之一就是智能建筑的工程建设标准不完备，在系统设计、产品标准、安装施工、竣工验收等各个工程建设环节中，缺少完备的标准与规范来正确操作，因而严重影响了智能建筑的工程建设质量。其次是集成商本身的诚信体系的建设和有效的市场监管体系的缺失。

10.2.2 制定较为完备的智能建筑技术和建设标准是保证质量的基础

我们从现行的行业标准与规范来看，有些规范与标准的内容起着互相补充的作用，反映了近年来的科学技术新成果，但有不少还是上世纪 90 年代制定的，内容陈旧落后。由于智能化系统涉及自动控制、通信、计算机网络、广播电视、卫星通信等高新枝术领域，技术的覆盖面广，涉及的行业多，在工程建设中，业主、设计师、承包商、供应商在工程实施中无法从众多标准与规范中正确地选用出可有效指导建设行为的法规。国家有关部门应根据智能建筑的特点与现代科学技术发展，系统地整理、修改及补充现行的标准与规范，以使之有效地规范智能建筑的设计、智能化系统的功能定位、设备订购与检验、设备安装、系统验收等阶段的运作。

10.2.3　智能建筑工程建设程序与运作方式的规范化

智能建筑是现代各种先进技术在建筑中的综合应用，涉及多个专业领域，是一个大系统的综合过程，这项工作在短时间内全面完成是有一定难度的，但可以按照分步实施，逐步完善、配套的办法实施。智能建筑的工程建设中如果能按照合理的程序与规范化的方式进行运作，可以有效地控制工程的建设质量、进度与投资，并使得建成后的建筑智能化系统得到充分有效的使用，反之则可能会花费巨资而收效甚微。

（1）建筑智能化系统设置与建筑物本体设计的关系

贯彻建筑智能化系统设计与土建同步进行，在建设项目立项时同步考虑配置建筑智能化系统；建筑智能化系统的设计和配置应根据建筑对象的功能需要，做到设计合理、配置有效，具有个性化。

建筑智能化系统的配置应该从大处着眼，有目的地先规划建筑智能化系统的大集成，在此基础上再设计各个子系统，然后将各个子系统有机的进行紧密结合，努力使系统的性价比提高到一个较高的水平，将建筑智能化系统的作用发挥到极致。

（2）建筑智能化系统工程建设程序

工程建设程序中最重要的是客户的需求和外部条件，通常需要设计单位和业主协同完成。在充分了解了客户的需求后，进行外部条件调研工作很重要，内容有当地电信网、数据网、有线电视网的接入方式与技术要求，可供使用的通信设备容量、传输速率；消防系统与安保系统的区域联防网络技术要求；交通车流线路与停车位的数量及分布情况；开路电视与广播信号的场强、允许收视的卫星电视频道和周边建筑物遮挡情况；业主今后对物业管理与安保管理模式的考虑；电气接地系统的结构等。以后的工作就是根据业主的要求与投资能力来选定建筑智能化系统的方案，要充分考虑降低建筑能耗、人工成本、运行成本等因数，要考虑建筑智能化系统与建筑各系统设备紧密结合综合监控的效果，再逐步进行以后的运作。

（3）建筑智能化系统建设的实施

在建筑智能化系统工程建设过程中应该重视建筑智能化系统的顾问策划的作用，在立项设计阶段应认真地听取专家顾问对工程的全面评估结果的意见；在工程实施阶段要发挥工程监理对系统监测、工程实施质量监督环节的作用，要在市场环境下重视和充分发挥工程服务第三方的作用，以保障资金投入与回报的实现。要对设计方案进行仔细、全面的深化设计，以及工程实施的细化方案。

首先，要确定技术服务单位，完成建筑智能化系统方案并制定施工招标图及招标技术文件。一是委托设计单位完成全部建筑智能化系统设计方案与施工招标图，虽然设计深度不够，但这种做法比较规范，尤其是设计单位对建筑智能化系统建设有较深的认识和丰富的工程经验时，可以减少工程质量和投资的不确定性。二是让集成商或设备商来完成建筑智能化系统方案的设计，这种情况下产生的方案，可能具有较多的新意，但其中不确定性因素很多。但目前在集成商中也不乏技术比较全面，能做出很有特色的设计方案的公司。

其次，要选好设备供应商与工程承包商，理想的做法是根据施工招标图与技术规格书，通过招标来确定建筑智能化系统总承包商。总承包商按照招标的技术规格、数量承担全部建筑智能化系统设备的采购、施工、安装、调试开通。总承包商负责管理协调各建筑智能化子系统分包商的工作，对业主来说建筑智能化系统是一项交钥匙工程，业主只是按合同分期付款，在竣工时按合同规定的由第三方专业机构进行工程检测，完成建筑智能化系统功能与性能验收。在确定具备建筑智能化系统工程能力、信誉度较高、工程业绩较好的总承包商后，这种方式的工程质量最好。建筑智能化系统工程的实施必须规范操作，才能保证工程质量、控制投资与进度。

10.2.4　政府主管部门加强对智能建筑工程建设的管理

完善智能建筑工程建设标准与规范，加强智能化系统工程管理的重要作用与迫切性，已受到政府主管部门的高度重视。

由于建筑智能化系统工程在国内隶属于建设、公安、邮电、广电、消防、电业等行业管理，技术涉及自控、通信、计算机、电子、传感器、机械等领域，因而此项工作需要政府主管部门支持与组织，否则不可能具有权威性，同时在工作进度上也没有保证。

在政府主管部门领导下行业协会应建立对施工企业的信用评估、建立监督体系和企业自律规范，并定期或不定期的通过网页和相关媒体发布评价结果。

10.2.5　加强建筑智能化系统工程管理，保证投资效益

建筑智能化系统工程的建成并不意味着可以一劳永逸地享受现代科技的成

果，大量艰苦的工作还在后面。因为只有在良好的管理下，智能化系统才能维持正常工作，整个工程投资才能得到预期的效益。对此，我们认为必须重视以下几方面的工作：

（1）培训一支熟悉业务的智能化系统管理队伍，这支队伍的人员应当在工程安装调试阶段就加入工作，并完成设备供应商的课程与操作培训，对系统原理、设备分布、操作方法及一般故障排除都能熟练掌握。

（2）建立完整的操作与管理制度，整理和建立完备的建筑智能化系统技术资料档案。主要是系统竣工图、设备产品技术说明书与系统操作书等，以保证不因人员的变化而影响建筑智能化系统的长期正常运行需要。

（3）在建筑智能化系统运行中不断地完善、提升功能。建筑智能化系统工程在实施过程中由于各种原因，往往存在不少缺陷，有些在竣工前就可发现，有些则要在运行后才会暴露。所以，智能化系统投运后的改进工作要给予足够的重视。

（4）免费保养期后的维护保养费用必须保证。建筑智能化系统和其他设备一样需要定期进行专业维护保养，损坏的和老化的器件和器材需要及时更换，以免造成事故扩大以至系统瘫痪。因此需要留有一笔维护保养费用。

如果我们把以上几方面的工作做好了，建筑智能化系统的投资效益才能真正得到实现。

10.3 加强为企业服务

10.3.1 走出去与请进来

不断拓展企业专业发展的视野，及时向企业介绍国际智能建筑发展趋势，使企业保持可持续发展的健康势头，是目前行业为企业服务的重要内容之一。

众所周知，智能建筑在国际上出现和应用的历史并不很长，它是伴随着世界计算机技术、网络通信技术、自动化技术的发展和成熟而被逐步引入和应用到建筑技术中的。相关资料表明，我国智能建筑行业，尤其在京、沪、穗等经济发达地区，目前的发展水平和应用技术大致能够保持与世界同步。最近，我国政府颁布的"十一五"规划也明确指出，我国的经济发展将从追求"量"的增长模式向追求"质"的模式发展。这就意味着在智能建筑领域应该更加注重节能、环保和可持续发展的问题。因此，目前比如新兴的环保生态学、生物工程学、生物电子学、仿生学、生物气候学、新材料学等科学技术已经开始渗入和渗透到智能建筑技术领域，一种称之为"智能型绿色建筑"已经在海外和我国的一些城市出现。我们如果不能及时认清这些新的国际技术发展趋势并及时跟进和主动超越，势必会落后于形势被国际国内同行拉开差距。对此，作为为企业服务的行业协会应该在这方面有所作为，比如可以有计划的组织相关企业到一些先进国家和国内的先进地区访问学习，或请世界上该领域的专家学者来我国访问讲课，还可以在本行业专业杂志上及时介绍这方面的新知识、新技术。

10.3.2 建章立制与确立统一的技术标准

我国的智能建筑领域和企业仅有不足二十年的时间，且智能化建筑领域是多学科、多技术的系统集成整体，因而尽快确立一个开放式可互操作性系统技术并与国际规范和标准相一致的技术标准，是目前行业和企业都共同期待解决的一项重要工作，这将关系到我国建筑智能化领域和企业如何蓬勃可持续发展下去的大问题，行业协会应重视和加快这方面的建章立制，使建筑智能化企业有章可循、有法可依。

智能建筑行业企业应该严格按市场经济的规范予以自律，每个企业应该制定企业自律守则，依此约束员工的行业行为，从而提升行业和企业在社会上清晰的形象，并不断树立起企业的品牌。

10.3.3 树立行业品牌企业，不断扩大市场份额

智能建筑行业企业目前所占社会经济总量的比例并不很大，但它的发展前景和对这一行业的需求却在不断增大，对智能建筑行业企业既是机会也是挑战。企业如何去面对和抓住这一大好的市场机会，既需要企业本身确立正确的商业战略，也需要行业将其作为整体和系统性的问题加以研究和规划，行业协会应该根据国家和地区的经济发展规划制定自己的"十一五"发展规划，通过规划去指导和帮助行业内的企业发现和寻找市场机会，使有条件的企业迅速做大做强，成长为地区乃至全国的品牌和领头企业，跻身于世界先进企业之列。行业协会要为企业在进行正常的市场活动中遇到的困难排忧解难，为企业正常的发展协调社会资源，呼吁政府部门给予舆论和必要的物资支持，并充分利用协会、学会的刊物宣传行业优秀企业。

10.3.4 努力搞好学会（协会）工作

加快行业协会自身适应市场经济体制规则，调整优化行业的组织机构，成为增强行业自律的自治组织，协助政府建立一个有序、公平的竞争市场，全国性和地方性学（协）会要在上级学（协）会的领导下努力做好贯彻执行工作，加强市场管理，防止低价恶性竞争，保证工程健康实施。条件成熟时争取成立地方行业协会。

10.3.5　加强团结、坚强合作共同提高学术水平

各协会要加强团结，互相学习，取长补短，共同提高，要在举办报告会、展览会等方面加强合作，促进学术水平的共同提高。同时，积极参加全国性学术会议，有条件时争取举办国际智能建筑研讨会，以提高我国学术地位与声誉。

10.3.6　加强宣传，提高建设业主的认识，搞好行业定位和提升管理能力

由于部分业主对智能建筑的过于迷信，必然导致"重建设轻管理"的思想，他们认为既然"智能"就应该无所不能，更有甚者将该项目的投资作为提高"身价"的目的，不清楚智能化建筑工程是当前信息化时代物业管理重要的基础，认识不到日常运行中所需要的微利投资能够得到高额利润的回报。因此，建议应该由国家政府部门尽快出台相应的政策、管理规范和服务体系，强制性的将系统日常运行纳入正常轨道，提高全社会的经济效益。

10.3.7　加强智能建筑人才的培养

智能建筑是信息时代的产物，它的发展离不开计算机技术、控制技术、通信技术、CRT图形显示技术及建筑电气、机电设备等人才。但由于智能建筑出现时间较短，人才难觅，特别是专业人才稀缺已经成为最棘手的问题。人才的培养，就是要强调设计与技术紧密结合，施工与产品紧密结合。从设计到施工再到安装调试，整个过程都要让培养对象熟悉。各相关企业要尽快适应国家人事部、建设部的"注册电气工程师"和"注册建造师"考试制度，有步骤地培养企业人才，为企业发展不断增添新的活力。

10.4　加强为用户服务

与用户一起成功是现代企业必须贯彻的服务理念。每个成功的企业都是得到用户的支持才能取得长足的发展和成绩；而企业要取得更大的发展，则必须赢得更多更长久的用户的信赖，这就决定了企业必须提供完善和优质的用户服务，具体来说就是以用户的需求作为企业做事的根本，使得每一个项目都能满足用户（政府的、企业的和家庭）的要求。

10.4.1　智能建筑的个性化服务

从系统设计、设备配备的档次到使用方法的人性化功能，每家用户都因建筑空间的特征不同和建筑功能、性能要求的不同，会有差异性很大的需求，我们必须提倡"智能建筑个性化设计，而个性化设计必须坚持以大系统、动态运行的角度进行建筑和使用对象的系统分析。"我们在接受一家用户的任务委托时，必须

针对特定建筑的具体情况，以及系统运行的要求，从制定项目的技术方案时，就注意研究该项目的细节设计。比如在个性化设计方面要根据用户行业特点、环境条件、使用对象、用户能力、应用需要、日后管理能力等几个方面进行综合考虑，从而为用户提出和制定个性化设计方案。为了做得更好，目前，在业内有的企业技术设计部已经按事业部进行划分，配备专业化的人力资源，将技术设计部规划成医院（养老院）、学校、政府机关、楼宇、小区等技术设计小组，以细分市场的需求满足用户个性化设计要求。

倡导为用户的个性化服务的要求，其实从项目实施到竣工期间一直都存在，因此，对企业来说必须树立为用户提供个性化服务的更高要求，随时听取用户的要求和根据项目实际情况变更和修正设计方案，始终为用户项目的深化优化提出正确的意见和建议。

10.4.2 智能建筑的节能和环保

我国政府在"十一五"经济发展规划中明确提出了建筑节能与环保的要求，国家建设部和国家发改委确定将我国智能建筑的发展方向纳入符合可持续发展的建设规范之中，其中很重要的一条就是建筑的节能和绿色环保。因此，我们的企业在为用户提供个性化服务的同时，必须非常重视产品设计的节能和绿色环保。目前，对节能和绿色环保智能建筑的基本设计原则有五项：节约能源，减少建筑能耗；设计结合气候特点，通过建筑形式和构件来改变室内外环境；能源和资源的循环利用；尊重用户，体现人性化的愿望；从系统论角度研究和规划建筑设计并实施。

建筑围护结构和各建筑能耗设备系统的设计和节能是建筑节能实现的前提和基本条件，但智能化技术在节能中的作用是不可低估和替代的，建筑节能的第一个重要环节是规划、设计和设备的选择，其采用的仿真技术是建筑智能化的组成部分；建筑节能的第二个重要环节是能耗设备的调试和运行优化，调试和优化的主导技术之一就是建筑智能化技术；建筑节能的第三个重要环节是运营期的科学管理和进一步优化，它能大幅度地节省运营期能耗费用。建筑智能化技术为系统的优化和科学的物业运营管理提供了操作平台。

中建协智专委编制出版的《建筑节能智能化技术导则》，其内容适用范围为建筑设备系统的能效评价，建筑设备系统的能耗监测，采暖通风与空调系统控制设计、施工与运行优化，照明系统设计与运行优化，系统集成与运营管理，能耗计量，可再生能源利用，既有建筑节能改造等。这是指导建筑工程单位、设计单位、系统集成商、设备供应商和物业管理公司等的节能实施，在建筑节能工作中务必将本节能导则纳入工程建设全过程和建筑运营管理工作之中，正确运用建筑智能化技术的节能策略和技术措施，进一步提高建筑节能效果。

10.4.3 探索适合中国国情的智能化小区建设之路

根据胡锦涛最近向全党全国提出建设和谐社会的理论，我国的智能化社区建设应该从功能人性化、环境友好化、防范安全化、居住舒适化、系统和谐化几个方面去进行理论研究和规划技术设计。经过十多年的经验积累，建筑智能行业企业在这方面大致已经形成了一套按小区建筑建造标准划分的技术设计要求。因此，企业要在符合上述几方面要求的前提下，不仅应该参照国际上的先进经验，更重要的是要按照我国的国情形成智能社区的建设标准。

10.4.4 大力组织相关设备和产品的研究开发

目前，国内智能化建筑市场的智能化产品，特别是楼宇自控设备基本上是国外厂商一统天下，如美国的康普、西蒙、江森、IBM 等以及欧洲的公司产品瓜分市场，我国厂商生产的产品正在摸索、创新、提高完善的过程中，可喜的是，联想、华为等几个技术研发和制造实力比较强的国内高科技企业已经可以提供多个系列的建筑智能化产品。我国的住宅和楼宇市场非常之大，其对建筑智能化产品的需求相当大，不可能长期全部依赖国外的产品，另外从国家安全这个角度也需要改变目前的现状。

对建筑智能化设备和技术产品的研发要从国情出发，不仅要考虑产品的工程系统，而且要从功能分析、系统方案设计、技术途径以及有关产品现状等全局角度深入研究，找出适合于自己企业能力开发的产品，并逐步形成自己的优势。也可以通过和国外品牌企业的技术合作，通过逐步消化，达到创新，研发出自己的产品，以形成自己的技术优势。以下原则可供参考：

开发产品力戒盲目仿制，事实证明，盲目仿制是绝对没有出路的。产品开发应掌握正确的开发原则，其中的要点是：

开放性的标志，是代表产品的国际化程度和与世界知名品牌兼容的程度，开放性越高，产品的应用范围就越广。因此，产品的技术标准要符合国际潮流，必须坚持开放性设计原则。

系统性能在一种基本型的产品上进行改进、改型，形成自己的系列，使之适合于性能相近、但规模不同的应用场合，产品系列化是保护投资、节约开支、扩大市场份额的最经济、最有效的办法。

成套型设计，应从国内的实际情况出发，先针对智能建筑设备产品在使用中的情况，不断总结、提高，尽快制定出产品的行业认证和产品标准化，在此基础上设计出最优化的成套系统产品，以拉近与国际知名品牌的质量水平。有关部门应组织产、学、研协同攻关，推出我们自己的高质量的系列产品，最终形成智能化建筑设备产品的产业。事实上，最近几年国内厂家已有不少很好的产品问世。

10.4.5 建筑智能化系统产品售后服务水平需要不断提高

基于智能建筑项目的建设和售后服务是一个密不可分的整体，因此智能建筑在完成建设之后，一项更重要的工作是在项目建设竣工交付使用之后，建设单位要与物业管理部门共同承担起对产品和系统的长期维护保养的任务。从目前市场实际情况看，这一块工作运行的不够理想，不少建设单位重建设轻维护，在售后服务方面远未形成严格有效的服务规范。

建筑智能化系统长期的售后服务优质化的根本出路是要走专业化和社会化的道路，因为只有这样才能将服务集约化，将服务成本降到最低，达到服务效果最好。在这一步还无法实现之前，各企业应该快速形成系统化的售后服务体系，以有效提高售后服务的质量。上海延华智能科技有限公司、北京玛斯特自控工程有限公司等企业在这方面的经验值得借鉴，他们针对售后服务的特点和市场要求，不仅提出了"以管理促效益、服务创品牌"的售后服务理念，而且在售后服务的组织架构方面，专门建立了专业的售后服务公司，在项目竣工交付物业公司使用后，即由这家售后服务公司提供专业的维护保养工作。这样做的结果是服务更规范、响应更及时、维护保养的专业性更强。

总结这些售后服务有成效的企业的服务经验，大致有以下几方面的服务规范可供参考：

（1）建立快速灵活的响应机制，对用户的投诉有明确的响应时限；

（2）有不断完善的客户服务组织体系（建立优秀的维保技术人员队伍；有客户专员对维保项目定期走访，听取解决客户反映的问题；有内部客户投诉档案管理人员；有客户投诉专线电话服务人员）；

（3）有完善的售后服务工作流程（从客户回访、投诉记录登记、服务处理、再电话回访几个工作环节规范售后服务工作，使规范服务常态化）；

（4）智能建筑管理必须与社区服务相结合。

目前京、沪、穗等大城市新建设的小区，其建筑智能化的程度已经非常普遍且达到了较高程度，同时这些城市的大社区建设的社会服务集约化已经逐步完善，两级政府对社区管理有不少行之有效的办法和科学的手段。因此，智能建筑管理应该注重与社区服务体系相结合，与社区服务的管理网络联网，使智能建筑的售后服务更为完善，响应更为及时。目前，上海由东方数字社区服务有限公司在市郊 300 多个社区建立了东方信息苑，这些信息苑同时可以承担对社区智能建筑的管理和服务。

10.5 做好政府与企业的桥梁

国家在一定时期制定的行业发展规划，为行业的发展指明了前进的方向，政府制定的相关政策、法规是使智能建筑行业能够规范、有序、健康顺利发展的根本保证。因此，应利用各种形式促进政府部门与行业、企业之间的沟通，有利于政府及有关国家主管部门能够在了解建筑智能行业及企业发展的真正情况后制定相关合乎规律的政策法规，为行业赢得良好的市场和社会的发展空间。

（1）举办各种形式的学术研讨会、交流会、展览会，搭建政府与企业间的沟通平台，一方面向政府有关部门介绍本行业的建设成果和发展前景，使政府能够更全面地了解到本行业整体发展情况，另一方面也有利于技术经验的交流与互相学习，提高专业水平。

（2）积极为政府行业主管部门提供全面、客观、真实的信息，为政府正确制定行业政策法规提供可靠的依据。

（3）协助政府部门、行业主管部门，在宏观决策、制定标准和法规、促进产业化、提高我国智能建筑行业发展多方面做好顾问、当好参谋和助手。

（4）协助政府及行业主管部门拟定有关标准、规范及行业法规，监督和规范市场。

（5）建立培训基地和网络，普及推广智能建筑技术知识。

（6）开展行业调查研究，选择、建立不同类型的示范工程，确定发展方向。

（7）协助政府有关部门做好对从事智能建筑工程设计的单位和系统集成商进行资质初审工作。

（8）对智能建筑工程进行方案论证、技术指导和咨询服务；对已建的智能建筑进行评估、鉴定和验收。

（9）推动智能建筑行业的产业化进程，宣传和扶持产品与系统的国产化；广泛开展国内外学术与技术交流活动。

（10）完成政府委托的其他工作。

11　行业标准与法规建设

曾培炎副总理在第二届国际智能、绿色建筑与节能大会开幕式上的讲话指出:"当今世界推动建筑向节能、绿色、智能化方向发展,是建筑业实践可持续发展理念的大势所趋,也是我国经济社会发展面临的重要任务"。为达到"十一五"规划中"建设资源节约型、环境友好型社会"的目标,中国大力发展绿色建筑、智能建筑,实施节能工程,努力在建筑节能方面实现跨越式发展,采取的主要措施包括加强法制建设和政策引导,"要建立和完善建筑节能的法律法规体系,加强对节能标准执行情况的监督与检查","推动节能建筑、绿色建筑和智能建筑的发展"。

11.1　现有标准和计划编制的标准

从 1992 年制定的第一部智能建筑相关建设部行业标准《民用建筑电气设计规范》JGJ/T16—1992 起,经过十多年的努力,我国已初步建立了较为完整的智能建筑法制规范体系。智能建筑主要相关标准如下:

11.1.1　系统标准

序号	标准号	中文标准名称
1	GB50314—2006	智能建筑设计标准
2	GB50339—2003	智能建筑工程质量验收规范
3	CJ/T174—2003	居住区智能化系统配置与技术要求
4	JGJ/TI16—92	民用建筑电气设计标准
5	送审稿	建筑及住宅物业管理数字化应用
6	送审稿	建筑及住宅社区数字化技术应用系统检测验收
7	送审稿	建筑及住宅社区营运服务数字化技术应用

11.1.2　计算机网络标准

序号	标准号	中文标准名称
1	GB/T3400.1—1992	网络计划技术　常用术语
2	GB/T3400.2—1992	网络计划技术　网络图画法的一般规定
3	GB/T5629.2—1995	信息处理系统　局域网　第2部分：逻辑链路控制
4	GB/T5629.3—1995	信息处理系统　局域网　第3部分：带碰撞检测的载波侦听多址访问（CSMA/CD）的访问方法和物理层规范
5	GB/T5629.5—1996	信息技术　局域网和城域网　第5部分：令牌环访问方法和物理层规范
6	GB/T11589—1999	公用数据网和综合业务数字网（ISDN）的国际用户业务类别和接入种类
7	GB/T11590—1999	公用数据网与ISDN网的国际数据传输业务和任选用户设施
8	GB/T11591—1999	公用数据网中的分组装拆（PAD）设施
9	GB/T11592—1989	公用数据网上起/止传输业务使用的数据终端设备（DTE）和数据电路终接设备（DCE）间的接口
10	GB/T11594—1989	公用数据网上数据终端设备（DTE）与数据电路终接设备（DCE）间的互换电路定义表
11	GB/T11595—1999	用专用电路连接到公用数据网上的分组式数据终端设备（DTE）与数据电路终接设备（DCE）之间的接口
12	GB/T11596—1999	起止式数据终端进入本国公用数据网的分组装拆（PAD）设施的DCE/DTE之间的接口
13	GB/T11598—1999	提供数据传输业务的公用网之间的分组交换信令系统
14	GB/T11599—1989	与同步V系列调制解调器接口的数据终端设备（DTE）在公用数据网上的用法
15	GB/T11600—1989	与异步双工V系列调制解调器接口的数据终端设备（DTE）在公用数据网上的用法
16	GB/T14433—1993	彩色电视广播覆盖网技术规定
17	GB/T15126—1994	信息处理系统　数据通信　网络服务定义
18	GB/T15274—1994	信息处理系统　开放系统互连　网络层的内部组织结构
19	GB/Z15629.1—2000	信息技术　系统间远程通信和信息交换局域网和城域网　特定要求　第1部分：局域网标准综述
20	GB15629.11—2003	信息技术　系统间远程通信和信息交换局域网和城域网　特定要求　第11部分：无线局域网媒体访问控制和物理层规范
21	GB/T16506.1—1996	信息技术　系统间的远程通信和信息交换　提供和支持OSI网络服务的协议组合　第1部分：一般原则
22	GB/T16506.2—1996	信息技术　系统间的远程通信和信息交换　提供和支持OSI网络服务的协议组合　第2部分：提供和支持连接方式的网络服务
23	GB/T16506.3—1996	信息技术　系统间的远程通信和信息交换　提供和支持OSI网络服务的协议组合　第3部分：提供和支持无连接方式的网络服务
24	GB/T16646—1996	信息技术　开放系统互连　局域网　媒体访问控制（MAC）服务定义
25	GB/T16966—1997	信息技术　连接到综合业务数字网（ISDN）的包式终端设备提供OSI连接方式网络服务

序号	标准号	中文标准名称
26	GB/T16976—1997	信息技术 系统间远程通信和信息交换使用 X.25 提供 OSI 连接方式网络服务
27	GB/T17179.1—1997	信息技术 提供无连接方式网络服务的协议 第1部分：协议规范
28	GB/T17179.2—2000	信息技术 提供无连接方式网络服务的协议 第2部分：由 GB/T15629（ISO/IEC8802）子网提供低层服务
29	GB/T17179.3—2000	信息技术 提供无连接方式网络服务的协议 第3部分：由 X.25 子网提供低层服务
30	GB/T17179.4—2000	信息技术 提供无连接方式网络服务的协议 第4部分：由提供 OSI 数据链路服务的子网提供低层服务
31	GB/T17904.1—1999	ISDN 用户—网络接口数据链路层技术规范及一致性测试方法 第1部分：用户—网络接口数据链路层技术规范
32	GB/T17904.2—1999	ISDN 用户—网络接口数据链路层技术规范及一致性测试方法 第2部分：数据链路层协议一致性测试方法
33	GB/T17963—2000	信息技术 开放系统互连 网络层安全协议
34	GB/T17972—2000	信息处理系统 数据通信 局域网中使用 X.25 包级协议
35	GB/T18236.1—2000	信息技术 系统间远程通信和信息交换 局域网和城域网 公共规范 第1部分：媒体访问控制（MAC）服务定义
36	GB/T18304—2001	信息技术 因特网中文规范 电子邮件传送格式
37	GB/Z20177.1—2006	控制网络 LonWorks 技术规范 第1部分：协议规范
38	GB/Z20177.2—2006	控制网络 LonWorks 技术规范 第2部分：电力线信道规范
39	GB/Z20177.3—2006	控制网络 LonWorks 技术规范 第3部分：自由拓扑双绞线信道规范
40	GB/Z20177.4—2006	控制网络 LonWorks 技术规范 第4部分：基于隧道技术在 IP 信道上传输控制网络协议的规范
41	GB/T20270—2006	信息安全技术 网络基础安全技术要求
42	GB/T20277—2006	信息安全技术 网络和终端设备隔离部件测试评价方法
43	GB/T20278—2006	信息安全技术 网络脆弱性扫描产品技术要求
44	GB/T20279—2006	信息安全技术 网络和终端设备隔离部件安全技术要求
45	GB/T20280—2006	信息安全技术 网络脆弱性扫描产品测试评价方法
46	GA/T387—2002	计算机信息系统安全等级保护网络技术要求
47	YD/T971—1998	多媒体会议的特定网络的数据协议栈
48	YD/T977—1998	支持宽带多媒体检索型业务的网络能力
49	YD/T1140—2001	基于 IP 网络的会议系统技术要求
50	SJ/T11312—2005	家庭主网通讯协议规范
51	SJ/T11313—2005	家庭主网接口一致性测试规范
52	SJ/T11314—2005	家庭控制子网通信协议规范
53	SJ/T11315—2005	家庭控制子网接口一致性测试规范
54	SJ/T11316—2005	家庭网络系统体系结构及参考模型
55	SJ/T11317—2005	家庭网络设备描述文件规范

11.1.3 音频视频

序号	标准号	中文标准名称
1	GB1498—94	30MHz～1GHz 声音和电视信号电缆分配系统
2	GB8898—2001	音频、视频及类似电子设备 安全要求
3	GB/T9002—1996	音频、视频和视听设备及系统词汇
4	GB12641—1990	视听、视频和电视设备及系统维护与操作的安全要求
5	GB/T14220—1993	视听、视频和电视设备及系统音频盒式系统
6	GB/T15381—94	会议系统电视及音频的性能要求
7	GB/T15521—1995	广播用数字音频盒式磁带系统（DAT）格式及分类特性
8	GB/T16851—1997	应急声系统
9	GB/T17576—1998	CD 数字音频系统
10	GB50198—94	民用闭路监视电视系统工程技术规范
11	GB50200—94	有线电视系统工程技术规范
12	WH/T18—2003	演出场所扩声系统的声学特性指标
13	GBJ76—84	厅堂混响时间测量规范
14	GBJ79—85	工业企业通信接地设计规范
15	GBJ115—87	工业电视系统工程设计规范
16	GBJ120—88	工业企业共用天线电视系统设计规范
17	GY/T106—92	有线电视广播技术规范
18	GY/T121—95	CATV 行业标准
19	GY/T156—2000	演播室数字音频参数
20	GY/T158—2000	演播室数字音频信号接口
21	GY/T161—2000	数字电视附属数据空间内数字音频和辅助数据的传输规范
22	GY/T162—2000	高清晰度电视串行接口中作为附属数据信号的 24 比特数字音频格式
23	GY/T192—2003	数字音频设备的满度电平
24	GY/T193—2003	数字音频系统同步
25	JJG994—2004	数字音频信号发生器
26	YD/T948—1998	多媒体会议业务的通用应用模板
27	YD/T995—1998	多媒体会议业务的数据协议
28	SJ/T11180—1998	音频和视听设备数字音频特性基本测量方法
29	IEC60849	用于紧急播状态下的音响系统的一般要求

11.1.4　电源

序号	标准号	中文标准名称
1	GB7260.2—2003	不间断电源设备（UPS）　第2部分：电磁兼容性（EMC）要求
2	GB7260.3—2003	不间断电源设备（UPS）　第3部分：确定性能的方法和试验要求
3	GB/T14715—1993	信息技术设备用不间断电源通用技术条件
4	GB17285—1998	电气设备电源额定值的标记　安全要求
5	YD/T1095—2000	通信用不间断电源——UPS
6	SJ1500—1979	电子设备用低压直流稳压电源系列
7	JB/T8453—1996	半导体变流器　第5部分：不间断电源设备用开关（UPS开关）
8	JB/T56223—1999	不间断电源设备　产品质量分等

11.1.5　有线电视

序号	标准号	中文标准名称
1	GB/T17786—1999	有线电视频率配置
2	GY/T106—1999	有线电视广播系统技术规范
3	GY/T118—1995	有线电视与有线广播共缆传输系统　技术要求
4	GY/T122—1995	有线电视系统调制器　入网技术条件和测量方法
5	GY/T130—1998	有线电视用光缆入网技术条件
6	GY/T194—2003	有线电视系统光工作站技术要求和测量方法
7	GY/T195—2003	有线电视系统双向用户端口技术要求和测量方法
8	GY/T204—2004	有线电视用户服务规范
9	YD/T876—1996	用户接入网中综合传输电信业务和有线电视业务的技术要求

11.1.6　智能照明

序号	标准号	中文标准名称
1	GB17495—2000	消防应急灯具
2	GB50034—2004	建筑照明设计标准
3	GB50189—2005	公共建筑节能设计标准
4	CJJ45—91	城市道路照明设计标准
5	CJJ89—2001	城市道路照明工程施工及验收规程
6	JGJ/T119—98	建筑照明术语标准

11.1.7 综合布线

序号	标准号	中文标准名称
1	GB/T13993.3—2001	通信光缆系列 第3部分：综合布线用室内光缆
2	GB50311—2007	综合布线系统工程设计规范
3	GB50312—2007	综合布线系统工程验收规范
4	CECS119—2000	城市住宅建筑综合布线系统工程设计规范
5	YD/T926.1—2001	大楼通信综合布线系统 第1部分：总规范
6	YD/T926.2—2001	大楼通信综合布线系统 第2部分：综合布线用电缆、光缆技术要求
7	YD/T926.3—2001	大楼通信综合布线系统 第3部分：综合布线用连接硬件技术要求
8	YD/T1013—1999	综合布线系统电气特性通用测试方法
9	YD/I1384—2005	住宅通信综合布线系统

11.1.8 防雷击

序号	标准号	中文标准名称
1	GB/T3482—1983	电子设备雷击试验方法
2	GB/T3483—1983	电子设备雷击试验导则
3	GB/T7450—1987	电子设备雷击保护导则

11.1.9 消防

序号	标准号	中文标准名称
1	GB50016—2006	建筑设计防火规范
2	GB50045—95	高层民用建筑设计防火规范
3	GB50067—97	汽车库、修车库、停车场设计防火规范
4	GB50098—98	人民防空工程设计防火规范
5	GB50166—92	火灾自动报警系统施工及验收规范
6	GB50222-95	建筑内部装修设计防火规范
7	GB50284—98	飞机库设计防火规范
8	GA503—2004	建筑消防设施检测技术规程
9	GA587—2005	建筑消防设施的维护管理
10	GBJ39—90	村镇建筑设计防火规范
11	GBJ50116—98	火灾自动报警系统设计规范

11.1.10 安防

序号	标准号	中文标准名称
1	GB50348—2004	安全防范工程技术规范
2	GB/T16571—1996	文物系统博物馆安全防范工程设计规范
3	GB/T16676—1996	银行营业场所安全防范工程设计规范
4	GB50007—2002	建筑地基基础设计规范
5	GB50009—2001	建筑结构荷载规范（英文版）
6	GB50011—2001	建筑抗震设计规范
7	GB50242—2002	建筑给水排水及采暖工程施工质量验收规范
8	GB50268—97	给水排水管道工程施工及验收规范
9	GB50339—2003	智能建筑工程质量验收规范
10	GB50365—2005	空调通风系统运行管理规范
11	GB/T50375—2006	建筑工程施工质量评价标准
12	GA27—1992	文物系统博物馆风险等级和安全防护级别的规定
13	GA38—1992	银行营业场所风险等级和安全防护级别的规定
14	GA/T72—1994	楼宇对讲电控防盗门用技术条件
15	GA/74—1994	安全防范系统通用图形符号
16	GA/T75—1994	安全防范工程程序与要求
17	GA/T367—2001	视频安防监控系统技术要求

虽然我国智能建筑法规及标准体系已初步完善，但还应当看到其中的明显不足：

（1）智能建筑产品标准尚未出台，对智能建筑产品没有建立市场准入制度。

（2）智能建筑开放通讯协议标准尚未制定，导致某些国外公司将国际上生存空间已经越来越小的私有协议产品倾销到我国，对我国智能建筑今后的维护和升级造成不利的影响。

（3）智能建筑技术学科跨度大，专业多，造成多个部门共同管理的局面，如建设部、信息产业部等，相关标准的制定和发布也存在协调的问题。

（4）已经颁布的标准有些已经不适应智能建筑的发展，亟需修改。

（5）对智能建筑弱电系统集成设计及施工验收尚未建立相关规范。

（6）智能建筑中智能传感器和执行器相关标准尚未制定。

11.2 法规建设

在"十一五"期间，智能建筑行业法规建设应着重抓好以下几个方面的工作：

（1）制定智能建筑产品的强制性国家标准，建立智能建筑产品市场准入制度，进而对智能建筑主要产品实行强制认证。

（2）制定智能建筑开放通信协议的国家标准。

（3）加强法规及标准制定的协调工作。

（4）修订相关设计规范及验收规范。

（5）制定智能建筑系统集成数据规范。

（6）制定智能建筑系统集成数据服务规范。

（7）制定智能建筑弱电系统集成相关设计和验收规范。

（8）制定智能建筑传感器和执行器相关产品标准。

（9）建立切实可行的智能建筑评估体系。